ちくま学芸文庫

増補　モスクが語るイスラム史

建築と政治権力

羽田　正

筑摩書房

目次

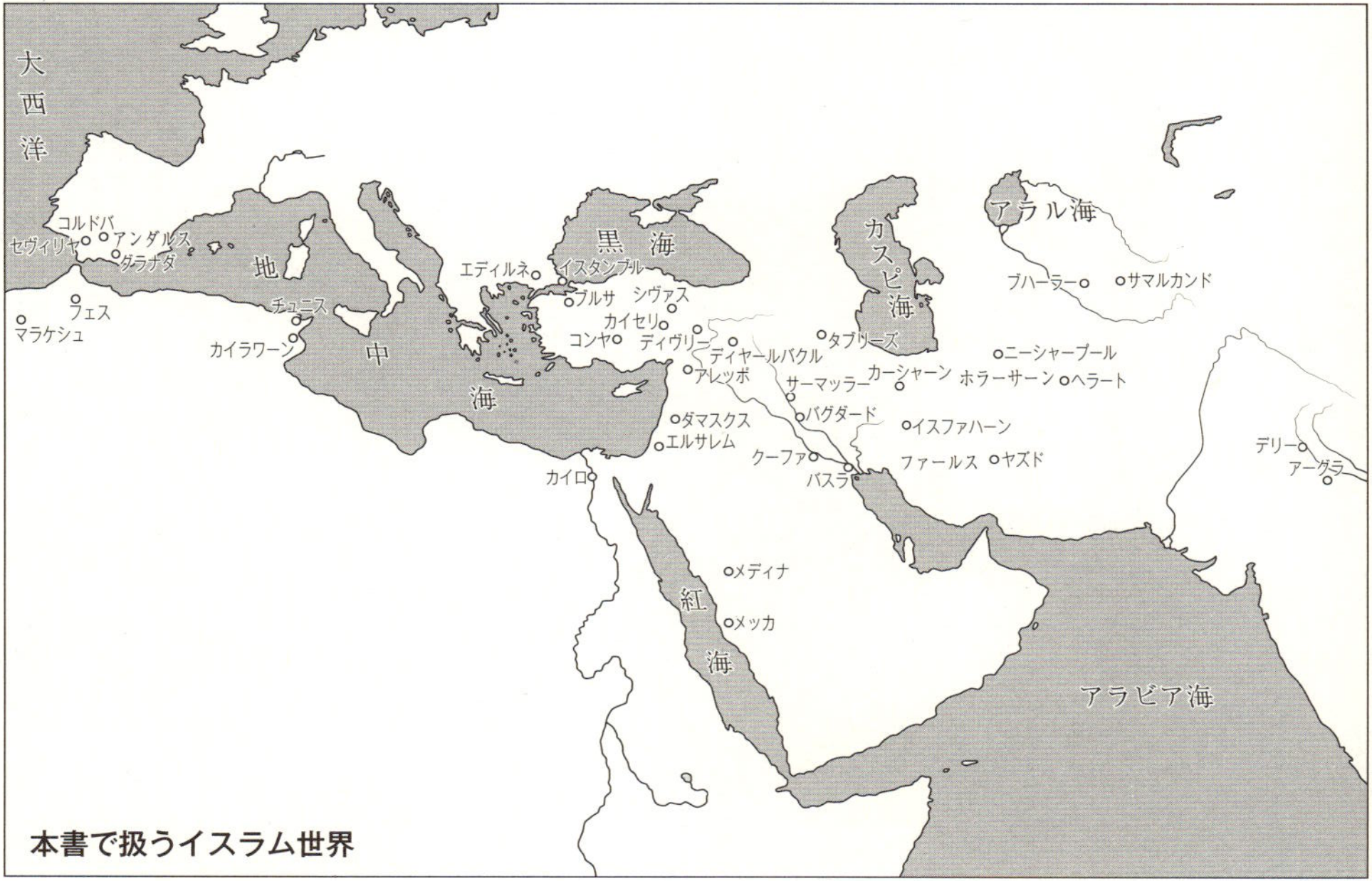

本書で扱うイスラム世界

増補 モスクが語るイスラム史——建築と政治権力

プロローグ

一九七八年八月、私はイラン中央部の古都イスファハーンにいた。夕暮れどき、宿に戻り、一日町を歩き回って疲れた身体をベッドに横たえていると、窓の外から夕暮れの礼拝を呼びかける声（アザーン）が聞こえてきた。思わず窓辺にかけよって外を見ると、暮れなずむ夕焼けの空に、モスクの青いドームが浮かんでいる。昼間の熱気をなお残した乾いた大気の中をアザーンが高く低く独特の旋律でゆっくりと流れていく。「アッラーの他に神なし。ムハンマドはアッラーの使徒なり。礼拝に来たれ……」。静かで平和な夕暮れである。当時イランは、今日「イラン革命」として知られる政治的、社会的な動乱の中にあり、人々の顔つきや態度は、一介の旅人にすぎない私にも、どことなくささくれだち、とげとげしく感じられた。しかし、このイスファハーンの夕暮れは、そのような厳しい現実の世界を一刻忘れさせるほど、美しく幻想的で、その印象はいまも私の身体にはっきりと刻み込まれ、私の中でイスラム世界の原風景となっている。

イスタンブルの旧市街、金角湾にほど近いエジプト・バーザールから少し坂を登った賑やかなバーザール街の一角に、リュステム・パシャ・ジャーミーと呼ばれるモスクがある。細い道に面した小さくて分かりにくい入口を入ると二階へ登る階段がある。このモスクの礼拝堂は、二階にあるのだ。礼拝堂の中は一面にタイルで覆われている。十六世紀のイズニック製で、青を基調にしながらも、赤や緑で花や植物が見事に描かれている。ため息が出るほど美しい。私が訪れたのは昼前で、モスクの中に人影はなかった。敷きつめられた絨毯の上に座ってみる。どこからともなく香辛料のにおいが礼拝堂の中に入り込んでくる。モスクの下は、香辛料市場の喧噪である。売り手と買い手のやりあう賑やかな声が聞こえて来る。外が騒がしいだけに内の静寂がいっそう強く感じられる。よく見ると、正面の壁に近い場所には、数珠がいくつも置いてある。礼拝の時間になれば、この静かな空間もバーザールの商人たちで一杯になるに違いない。「自分はいまイスラム世界のただなかにいる」ということを、この時ほど実感したことはない。

イスファハーンやイスタンブルでの私のささやかな個人的体験を持ち出すまでもなく、「イスラム世界を旅して一番印象に残ったことは」と問われれば、「モスク」と答える人の数は決して少なくないだろう。ヨーロッパ・キリスト教世界を巡った時に、教会建築と鐘の音がいやでも目と耳に飛び込んでくるように、イスラム世界では、モスクとそこから日に何回か流れるアザーンが、自分はいまイスラム世界にいるのだということを最も端的に感じさせてくれるように思える。

モスクはこのように、今日のイスラム世界を旅する異邦人の旅行者にとって、その五感に直接イスラムという異文化を感じさせてくれる魅力的な存在である。とりわけ、傑作といわれるモスクが持つ建築美は、印象的である。宗教の力が今日よりもなおいっそう強かった時代に、最高の建築家が、持てる能力のすべてを注ぎ込んで設計・建設したモスクは、イスラム教徒(ムスリム)のみならず、すべての人々に強烈な印象を与える。我国の寺院建築やヨーロッパの教会建築の代表作品と同じことがモスクについても言えるのである。美術・建築史上で傑作とされるモスクは、何度訪れても飽きることがなく、訪れるたびにまた新しい美しさを発見する。私自身が、モスク建築に興味を持つようになったのも、イスラム世界を訪れて、実際にモスクの持つ美しさに触れ、これに惹かれてのことだった。

もちろん、この建物としての美しさがモスクの魅力のすべてではない。モスクは、ムスリムの毎日の生活と密接な関わりを持っており、イスラム社会の特徴を映し出す鏡のようなものである。社会におけるモスクの役割、機能を知り、モスクにおける人々の行動を観察することによって、ムスリムの習慣、物の考え方がよりよく理解できるようになる。モスクに一日ずっと座ってそこにやってくるムスリムと接し、彼らの行動を見つめていると、初めは理解しがたかった彼らの社会が次第に身近なものになってくる。ムスリムの社会に興味を持つ人にとって、モスクは刺激に満ち溢れた研究対象である。

また、特にイスラム世界の歴史に興味を持っている私のような人間にとっては、モスクの建築史的変遷、社会におけるその機能の変化などを考慮に入れてもう一度イスラム世界の歴史を見直してみることが、たいそう魅力的な作業となる。イスラム世界の誕生から今日に至るまで、モスクという言葉や建物は一貫して存在していた。ただ、その意味するところや建築様式、社会における機能などは必ずしも一定だったわけではない。冒頭に述べたイスファハーンのモスクとイスタンブルのモスクを取り上げてみても、両者の建てられた時期は数十年しか変わらないのに、その建築の形式は大きく異なっている。なぜ、このような違いが生じるのだろうか。モスク建築のたどった転変の歴史を追ってゆくと、往々にして、政治史の文脈からだけではははっきりと分からないような社会の変化が見えて来る。時には政治史の常識が覆されることすらある。また逆に、イスラム世界の政治や社会の変化が、モスクの形式や機能の変化にも大きな影響を与えていたことがよく理解できる。モスクの歴史は、イスラム世界の歴史の変化と密接に関わり、切っても切れない関係にあるのである。

この本では、このような私の関心に基づいて、もっぱらモスクの歴史について語ろうと思う。イスラム世界では、いつどこでどのような形のモスクが建てられてきたのだろうか。モスクは、イスラム社会とどのように関わり、そこでどのような役割を果たしてきたのだろうか。これがこの本の主題である。建物としてのモスクの様式の変化を整理して示すとともに、モスクが果たしてきた社会的機能の変遷にも触れてみたい。このようにモスクに焦点を絞って考えれば、イスラム世界の歴史がまた違って見えて来るのではないかと思う。

我国では、キリスト教の教会や仏教寺院についての本は、入門書の類から高度な専門書に至るまで数多く書かれているが、モスクを正面から扱った書物は、私の知る限り一冊も存在しない。また、大部分の読者にとっては、イスラム世界は、意識の上でヨーロッパやアメリカなどよりはるかに遠い異境の地である。

そこで、この本では、モスクの歴史をたどる前に、読者にあらかじめモスクについてある程度一般的な知識を持ってもらえるように、モスクの語源や種類、機能などについて簡単に解説することにした。もとより、モスクの形態、機能は一律ではなく、時代、地域によって大きな差異がある。だからこそ、その歴史を記述することにも意味があるわけで、安易な一般化は厳として慎まねばならない。だが、モスクという言葉が時代や地域を超えて共通に使われているからには、そこになんらかの共通性もまた見られるはずである。その共通性の部分をあらかじめ知っておくことは、相違を理解し、その相違の由って来たる所以を知る上でも有効だろう。

1 モスク入門

1 モスクの語源と種類

モスクの語源

日本語の「モスク」という語は、英語の mosque がそのままカタカナになったものである。この語は、フランス語の mosquée、ドイツ語の Moschee などと同様に、アラビア語のマスジド masjid という言葉が変化したスペイン語の mezquita に由来している。イベリア半島がかつてイスラム世界に属していたことのあかしである。

マスジドとは、「平伏する場」という意味である。テレビや写真に、ムスリムが地面にひれ伏すように祈る礼拝の場面がよく現われる（図1）。言葉の本来の意味からすれば、あのようにひれ伏して礼拝をする場所がマスジド、すなわちモスクなのである。したがって、ムスリムが礼拝を行なうことさえできれば、モスクはどのような形態をとってもよい

図1　礼拝を行なうムスリム

ことになる。極端なことを言えば、道端でムスリムが礼拝を行なえば、その場所がモスクだともいえるのだ。しかし、それでは話が混乱するので、ここでは、とりあえず、ムスリムがイスラムの教えにしたがって礼拝を行なえるように建てられた建物をモスクと呼ぶことにしておこう。

モスクの種類

一口にモスクといっても、様々な形、大きさのものが存在する。同じ町の中でも、何千もの人々を収容できる大きなモスクもあれば、バーザールの店舗の二階の一室を占め、二〇人も入れば一杯になってしまうような小さなモスクもある。これら大小様々なモスクは、集団礼拝が行なわれるか否かを基準にして大きく二つのグループに分けて考えることができる。イスラムの休日である金曜日に、導師（イマーム）による説教と信徒の集団礼拝が行なわれるモスクとこれが行なわれないモスクの二グループである。集団礼拝が行なわれるモスクには、説教用のミンバル（説教壇）が置かれ、礼拝を呼びかけるためのミナレット（塔）が付属している。人がたくさん集まるので大きなモスクが多い。

集団礼拝が行なわれるモスクは、イスラムが西アジアを中心とする各地に広がっていった正統カリフの時代（六三二～六六一）やウマイヤ朝時代（六六一～七五〇）頃までは、各都市に一つと限られていた。これらの特別なモスクは、金曜モスク（masjid al-jum'a）や集会モスク（masjid al-jāmi'）などと呼ばれ、他の一般のモスク（masjid）とは区別されていた。

ところが、征服が進んでイスラムに改宗する人の数が増え、各都市におけるムスリムの人口が増大すると、一つのモスクだけでは、その町の全ムスリムを収容しきれないという事態が生じてきた。その結果、アッバース朝の時代（七五〇～一二五八）になると、町に二つ、三つの集会モスクが存在することも、珍しくはなくなった。例えば、九世紀のバグダードには、すでに三つの集会モスクが存在した。それが十世紀の終わりまでには六つに増え、十二世紀にはさらに一四にまで増加していたことが知られている。一方、十一世紀のバグダードにおける集会モスク以外のモスクの数は約三千だったと言われる。あるモスクを集会モスクとするかどうかの決定は、信徒の長であるカリフの権限に属していた。

集会モスクの数はどうあるべきかに関しては、イスラム教徒の多数が認めるスンナ派に属する四つの法学派の中でも議論があり、一都市にあくまでも一つしか集会モスクを認めない立場と複数の集会モスクを認める立場が並存していた。しかし、前者の立場を取るにせよ、一つの集会モスクの収容力を超える数のムスリムが町に居住する場合には、現実の問題として複数の集会モスクを認めざるをえない状況が生まれていた。

マムルーク朝時代の十三世紀半ばすぎに、正式に複数の集会モスクの存在が認められると、以後のアラブ世界では、集会モスクの数が急激に増加した。十五世紀のカイロには一三〇の集会モスクがあったという。このことは、ムスリムの義務である金曜の集団礼拝が、限定されたモスクにおいてだけではなく、一定の規模を持つモスクでならどこでも行なえるようになったことを意味している。

このような集会モスクは「ジャーミー」と呼ばれる場合が多かった。masjid al-jāmi' のうちの masjid がおちた形である。町の主要なモスクはほとんど集会モスクとなったため、ジャーミーと呼ばれるモスクの数はマムルーク朝以後著しく増加した。その一方で、集団礼拝の行なわれない小さなモスクも存在し、これらはしばしばマスジドと呼ばれた。つまり、マスジドという語には、礼拝の場というモスク一般を意味する本来の用法の他に、集会モスク以外の小さなモスクだけを指す用法も生まれたのである。

現在のトルコでは、主要なモスクは例外なく集会モスク（ジャーミー）である。イスタンブルの旧市街にあるファーティフ地区を調査した最近の研究によると、この地区にある一八四のモスクのうち、ジャーミーの数は一五六で、集団礼拝が行なわれないモスクは二八にすぎない。後者の小さなモスクは、メスジド（マスジドのトルコ語形）と呼ばれている。現代トルコ語でモスクを意味する一般的な単語はジャーミーである。ただし、十六世紀のイスタンブルでは、町の各街区ごとにモスクがあり、その大部分はメスジドと記録されている。トルコのほとんどのモスクがジャーミーと呼ばれるようになるのは、比較的新しい時代（共和国期）になってからのことである。

これに対して、イランでは事情はやや異なっている。イランでは町に複数の集会モスクがある場合、その町で最初に建てられた由緒ある大モスクだけが特に金曜モスク（masjid-i jum'a）と呼ばれる。そしてこの金曜モスクも含めてすべてのモスクがマスジドと呼ばれる。ジャーミーという語が存在しないわけではないが、アラブ語圏、トルコ語圏のように一般的ではない。マスジドという語が大小のモスク一般を指しているのである。

このように、モスクは機能の上で、金曜昼に集団礼拝が行なわれるモスクと行なわれないモスクの二種類に大別されるが、金曜礼拝を別にすれば、日常の礼拝をどちらで行なうかは、個々のムスリムの裁量に任されている。大きなモスクでの礼拝の方が、小さなモスクでの礼拝より価値があるといったようなことはない。礼拝の場という意味では、マスジドもジャーミーも同じである。混乱を避けるため、この本では以後、特に断わらない限りジャーミーもマスジドも、すべてをモスクという語で記すことにする。

2　モスクの構成要素

ミフラーブ（図2〜5）

モスクを一個の建築物としてみると、その様式は様々である。しかし、他はどんなに違っていてもよいが、これだけは存在しなければモスクとは言えないという構成要素がある。メッカの方向を示す壁の窪みがそれである。

イスラムの教えでは、教徒は必ずメッカの方角に向かって礼拝を行なわなければならない。そこで、モスクの礼拝堂内部の壁のうち、メッカの方向の壁には、その方向を示すアーチ型の窪みが作られた。この窪みはミフラーブ

図2　ミフラーブにはいり込んで本を読む人（ダマスクス、ウマイヤ・モスクの副ミフラーブ）

図3　装飾タイルを貼ったミフラーブ（トルコのディヤールバクル、メリク＝アフメト＝パシャのモスク）

と呼ばれる。例えば、インドにあるモスクの場合には、メッカの方角である西の壁に、逆に、モロッコのモスクでは、東の壁に、ミフラーブが設けられることになる。

ミフラーブの形や大きさは、モスクによって様々だが、アーチ型の門のようなスタイルをとることが多い。アーチを二本の柱が支えた形である。あまり飾り気のないモスクの内部で、ミフラーブとその周囲だけは、タイルや浮き彫り、モザイクなどで美しく装飾されている。

図4　マムルーク朝様式の豪華なミフラーブ
（カイロ、スルタン・ハサンのマドラサ・モスク）

図5　町の小さなモスクのミフラーブ
（ダマスクス、サーリヒーヤ地区）

ミフラーブは一つのモスクに一つだけと決まっているわけではない。増築などによって後から新しいミフラーブが付け加えられることもある。また、大きなモスクだと、主ミフラーブと並んで二つ、三つの副ミフラーブが設けられていることもある。

イスラムは、偶像崇拝を厳しく禁じた一神教なので、礼拝室の内部には、偶像やそれを連想させるような装飾は一切ない。ミフラーブも、ただ単にメッカの方向を示していると いうだけで、それ自身が礼拝の対象になることはない。後でも述べるように、ミフラーブは、イスラムの誕生後、モスクが初めて建てられた時から存在していたわけではない。また、当初の形態は正に単なる窪みだったようだが、モスクの性格の変化にともなって、ある時期から後には、美しく装飾されるようになり、形も大型化して行く。

このようなミフラーブの形態の変化や象徴性の問題は、多くの研究者の興味を引き、近年「ミフラーブ」を主題としたシンポジウムがパリで開かれ、その成果が出版されているほどである。この本では、あまり深く立ち入って述べることはできないが、ミフラーブの変化の過程をたどることは、モスク本体の変化をたどることと同様、単に美術史的に意味があるだけではなく、ムスリムの社会の変容やイスラムの社会的な意味を知る上でもきわめて興味深い。

メッカの方向の壁に必ずミフラーブが設けられるわけだから、理論上は、世界中のモスクのミフラーブが、すべてメッカの方向に向かって設けられていることになる。しかし、

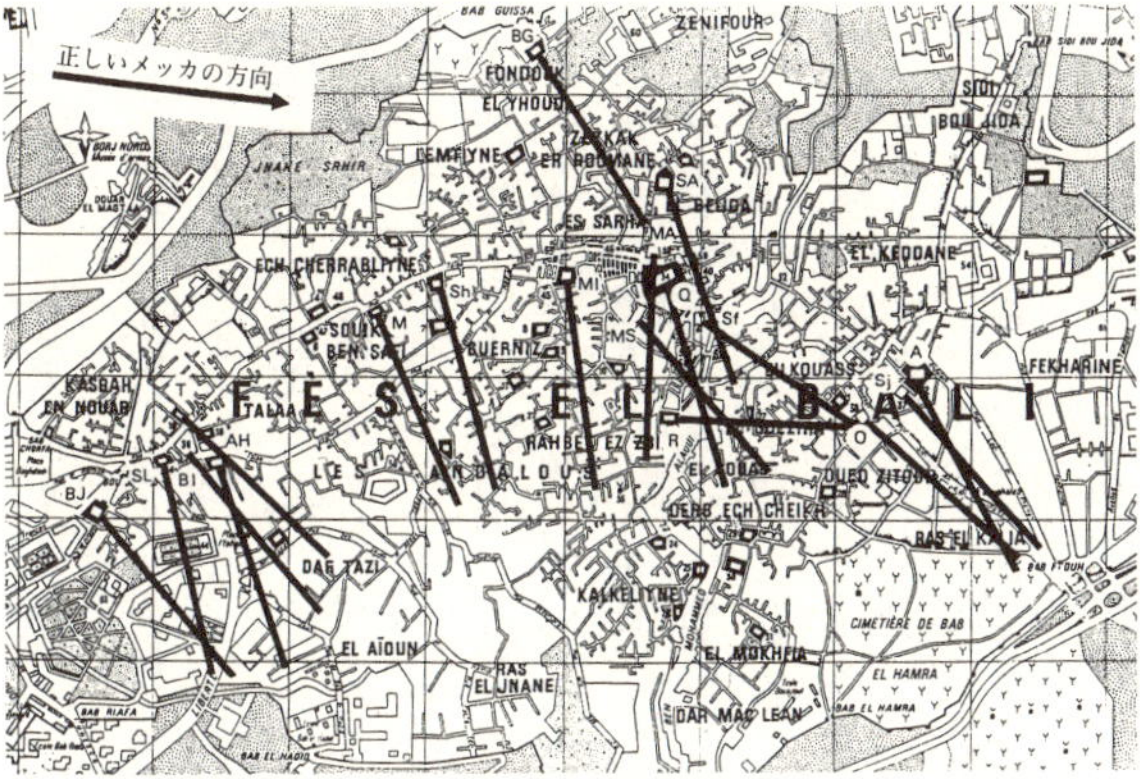

図6　フェスの町の主なモスクの「メッカの方向」

実際は、ミフラーブの方向は、同じ町の中でも微妙に異なっている。図6は、モロッコのフェスの町の主なモスクのミフラーブの方向を調査した報告だが、見て分かるように、それぞれのミフラーブの方向は一定ではない。地形や道、周辺の建物などによって、モスクの建て方が制限されることはままあった。「メッカの方向」は、それほど厳密に定められるべきものではないようである。

ミフラーブ以外には、モスクに必ず備わっていなければならないものはない。しかし、大多数のモスクにはこれ以外にもいくつか共通の施設がある。それらは、一、ミンバル（説教壇）、二、ミナレット（塔）、三、清めのための水場である。

ミンバル（説教壇）（図7～10）

イスラム教の休日である金曜日に集団礼拝が行なわれる集会モスクには、ミフラーブの右横に説教壇となる階段（ミンバル）がおかれている。集団礼拝の時に、導師がこの上から説教を行なうためのものである。その階段の段数は一定ではなく、従って階段の高さもモスクによって様々である。大きなモスクほど高く立派なミンバルを持っている。その材質は、石であったり、木であったりして一定していない。階段の両側の手摺部分や横板の部分は、ミフラーブと同様浮き彫りなどで美しく装飾されていることが多い。その起源はミフラーブより古く、預言者ムハンマドが座って演説や説教を行なった階段に由来する。彼の死後、この階段は、預言者の用いた由緒正しい壇として重んじられ、時の権力者や宗教指導者が説教を行なう際に利用されるようになった。イスラム世界が広がり、各地に金曜礼拝用の集会モスクが建てられるようになると、各モスクにこの説教壇を模した階段が備えられるようになったという。近隣の人々が集まるような小さなモスクの場合には、ミンバルはない。

ミナレット（塔）（図11～15）

ミナレットとは、モスクに付随した塔のことである。建物自体は目立たなくても、高い

図8　ウル・ジャーミーのミンバルとミフラーブ（ディヤールバクル、トルコ）

図7　イブン＝トゥールーンのモスクのミンバルとミフラーブ（カイロ）

図10　ウルファのウル・ジャーミーのミンバルとミフラーブ（トルコ）

図9　セリミーエ・モスクの豪華なミンバル（エディルネ、トルコ）

図11　ウル・ジャーミーのミナレット（ブルサ、トルコ）

図12　スルタン・ハサンのマドラサ・モスクのミナレット（カイロ）

図13　シリア様式のミナレット（アレッポ、シリア）

図14　初期マグリブ様式のミナレット（スファックス、チュニジア）

ミナレットによってモスクは遠くからでもその位置が分かることが多い。このミナレットという語の語源については、「火（nār）の場所」、「光（nūr）の場所」という二つの説がある。ミナレットの起源とその機能をめぐっても多くの学者が議論を重ねてきた。二〇世紀前半に、イスラム建築史の大家であるイギリスのクレスウェルが、最初のミナレットは七世紀後半のエジプトで考案されたと提唱して以来、起源についての論争は一段落していたが、礼拝の呼びかけをミナレットの主たる機能とするなら、その起源はそれよりはるかに遅いとする新説が最近現われ、論争が再燃している。

機能としては、元来、火を焚いてその位置を示す道標のようなものだったという考え、防御用の塔だったという説、キリスト教の鐘楼をまねたものとする意見などがある。しかし、かなり早い時期からその重要な機能の一つは、ムアッジンと呼ばれる礼拝の呼びかけ人が、日に五回この塔の上から人々に礼拝を呼びかけるためのものだった。今日でも、多くのミナレットには拡声器が置かれ、時間になるとマイクを使って大声で信徒に礼拝の呼びかけ（アザーン）が行なわれる。

ただし、ミナレットが単に礼拝を呼びかけるためだけの道具ではなかったことは確実である。考えてみれば、拡声器のなかった過去において、例えば、セヴィリヤのヒラルダの塔（図57）やイスタンブルのスレイマン・モスク（図98、107）のミナレットのように何十メートルもある高い塔の上から人が大声で叫んだところで、その声がそれほど遠くまで届

図15　ブルー・モスクに聳える６本のミナレット（イスタンブル、トルコ）

いたとは考えられない。もし、礼拝をできるだけ広い範囲に呼びかけようとすれば、せいぜい屋根の高さくらいから叫ぶ方がより効果的だろう。もちろん、ミナレットの高さは様々であり、あまり高くないものもある。このようなミナレットからは、アザーンが唱えられていただろう。しかし、天にも届かんばかりの高さを持つミナレットは、礼拝を呼びかけるという現実的な機能よりも、それを建てた人物の政治権力の強大さ、宗教的な敬虔さを表現するシンボルとしての意味をより強く持っていた。また、十六〜十七世紀のオスマン朝期やサファヴィー朝期のように、ミナレットが装飾としてモスクの外的景観に欠かせない重要な要素となっていた時代があったことも忘れてはならない。

オスマン朝では、ミナレットの数によってモスクのおおよその格が決まったようで、イスタンブルにあるスルタン・アフメトのモスク（ブルー・モスク、十七世紀初めの建造）には六本ものミナレットがある（図15）。アザーンを行なうためだけにこれだけの数のミナレットが必要だったはずはない。この事実も、ミナレットの持つ象徴性という文脈で考えると理解しやすいだろう。

水場（図16〜18）

水場は、モスクで礼拝を行なう人々が身体を清めるために必要なものである。礼拝の前の清めは身体を洗う順序まではっきりと決められており、ムスリムには欠かせない。従って、モスクが建設される際には、モスクまでいかにして清浄な水を運ぶかという問題が解決されていなければならなかった。水場の位置や形状は様々である。中庭のあるモスクでは、その真ん中に水盤や貯水槽が置かれていることが多い。中庭を持たないモスクでは、建物の外側に水場が作られることが多かったが、なかには、トルコのブルサにあるウル・ジャーミー（大モスク）のように、建物の中に美しい噴水状の泉水を持つものもある（図18）。モスクの建物の一部が水場とされていることもある。このような水場は、何よりも信者の礼拝前の清めのためのものだったが、同時に近隣の住宅の生活用水としてもしばし

図16　カラーウィーン・モスクの中庭にある水場（フェス、モロッコ）

図17　モスクの外壁に設けられた水場（エディルネ、トルコ）

図18　ウル・ジャーミーの建物の中にある水場（ブルサ、トルコ）

ば利用されていた。今日でも、人々がバケツ片手に水場に集まって来る姿をよく見かける。

このようないくつかの施設以外には、どのモスクにも備わっていなければならないものはない。しいてあげれば、『コーラン』などの宗教書が壁際の書棚におかれていること、それらを読むための書見台があることくらいであろうか。また、大きなモスクでは、ミフラーブからほど遠くない位置に、礼拝を呼びかけるムアッジンが座る高い台座が設けられていることが多い。

建物自体のデザインには守らねばならないような決まりはない。ミフラーブさえあれば、それはすでにモスクだった。

このため、イスラム世界の各地で、その地域、時代に応じて様々な形のモスクが建設された。そのおおまかな流れについて語ることは、この本の目的の一つでもある。

3　モスクの機能

モスクは、時代や地域によって、また規模の大きさによって、様々な機能を有した。そのうち、最も基本的な機能が、礼拝の場としてのそれであることは、いうまでもない。しかし、それ以外のモスクの機能を無視することはできない。モスクは、単に礼拝に使われるだけの建物ではないのだ。そこで、ここでは、現代のモスクにある程度共通に見られる機能を簡単に解説することにしたい。

礼拝の場

礼拝の方法は、ムハンマドの時代以来、常に一定だったわけではない。また、厳密に言うと、同じスンナ派内部でも、法学派によって礼拝の方法は微妙に異なっており、各学派の法学書には、礼拝に関わる規定が長々と述べられている。礼拝の時の手の位置一つにも各学派の流儀がある。しかし、ここでは、そのような細かい差異にはあまりこだわらず、ムスリムの礼拝とモスクの関係を概観しておくことにする。

礼拝には、日に五回、夜明け、昼、午後、夕方、夜の定められた時間に義務として行なうものと、任意に個人で行なうものとがある。日に五回の礼拝の時刻は、その日の太陽の位置を正確に測った上で決められるので、モスクの入口にその日の礼拝時間を示した告知板や時計が置かれていることも多い。日に五回の礼拝は、必ずモスクで集団で行なわねばならないわけではない。法学書はそれを推奨しているが、モスクに行く時間がなければ、各自がその時にいる場所で礼拝を行なってもよい。また、時間をずらして礼拝を行なうことも許されている。ただし、家や店で行なう礼拝よりも、モスクで行なう礼拝の方が、二〇倍も二五倍も価値があるという伝承もある。

定められた時間になると、ミナレットから礼拝を呼びかける声が朗々と流れ、ムスリムがモスクに集まってくる。彼らは、水場で手足、顔などを清めたあと礼拝堂の中に入る。礼拝が有効であるためには、身体が清らかであること、衣服が適当であること（肌を露出していないこと）など最低限満たされねばならない条件がある。礼拝堂の内部には、絨毯やござが敷き詰められており、人々はその入口で履物を脱いで、所定の履物置き場に置く。置き場は、通例、入口横と礼拝堂の内部に設けられているが、大部分の人々は履物を持って中に入り、自分の礼拝位置に近い場所に置く。これは、帰り際の履き間違いや盗難を防ぐためであろう。モスクにやってくるような信徒に、盗人はいないと油断してはならない。どこの世界にも悪人はいるもので、私自身も、シリアのウマイヤ・モスクで、三年間も調査で履きふるした運動靴を盗まれ、立ち往生したことがある。

堂内に入ったムスリムは、前の方から適当に横に列を作って並ぶと、導師（イマーム）の声にあわせて、淡々と礼拝の作法をとりおこなっていく。そして、所定の礼拝が終わると、すがすがしい表情でモスクを後にして行く。

これだけ何度もモスクに来るのだから、常連には定席がありそうに思えるが、どうもそんなことはないようである。誰に訊ねても、やってきて空いているところに適当に並ぶだけだと答える。ただし、伝承によれば、最前列に並ぶことには特別の意味があり、特に、導師の右横が最上席であるとのことである。一回の礼拝に要する時間は、導師の属する法学派にもよるだろうが、およそ五分から一〇分程度だろうか。それほど長い時間ではない。

イスラムの休日である金曜の昼だけは、モスクでの集団礼拝がムスリムの義務として定められている。『コーラン』の中にも、

これ、お前たち信徒のもの、集会の日（金曜日）の礼拝に人々を呼ぶ喚び声が聞こえたら、急いでアッラーのお勤めに赴き、商売など放っておけよ（六二章九）。

と、金曜の礼拝については定めがある。この時には、イマーム（導師）が説教を行ない、礼拝の時間も長い。

金曜昼の集団礼拝の際には、必ず時の為政者の名が読み上げられる。例えば、モロッコでは国王ハサン二世（当時）の名が、シリアではアサド大統領の名が金曜ごとに各都市の

モスクで唱えられている。これはかなり早い時代からイスラム世界の慣行として定まったことで、そのモスクのある都市、地域が時の政治権力者に対して忠実であるかどうかを判断できる一種の踏絵だった。金曜礼拝で為政者としてそれまでとは違った人物の名を読み上げることは、直ちにそれまでの為政者に対する反乱を意味した。礼拝のためにモスクに集まった民衆は、週に一度は必ず為政者の名を耳にするわけで、その宣伝効果は絶大だろう。

図19　カーテンで仕切った片隅で祈る女性たち

モスクの内部は、男性の世界である。礼拝は男女別々に行なわれるが、多くの場合、正面の入口から入って、ミフラーブの前で祈るのは男性だけである。スンナ派四法学派の一つ、ハンバル派の規定では、女性は列の最後尾に並ぶことになっているが、実際には、彼女たちは、カーテンで仕切られた礼拝堂の片隅や二階席など、男性の目に触れないところでひっそりと祈ることが多い（図19）。女性席の様子を知ることは、我々男性には難しいが、トルコをフィールドとするある女性研究者の話では、トルコでは、断食月などを除けば、モスクへ礼拝に来る女性の数はそう多くはないらしい。大部分の女性は、家の中で礼拝をすませてしまうからだ。生理の時には礼拝が禁止されているという事情も影響しているのだろう。ただし、金曜の集団礼拝の時にはモスクへ出かける女性の数はやや増える。いずれにせよ、モスクが主として男性のための礼拝の場であるという事実は、モスクが社会において果たす役割を考える時に見落としてはならない重要なポイントである。

モスクでは、集団礼拝以外に個人による任意の礼拝も盛んに行なわれる。これは、定められた時間以外の時に、自由に行なわれるものである。夜の礼拝、五回の礼拝の前後に行なわれる礼拝、時間を変えて行なわれる五回の礼拝など、モスクではいつでも誰かが礼拝を行なっている。メッカの方向に向かってひれ伏すという礼拝の動作自体は、集団礼拝の時もそれ以外の礼拝の時も変わりない。面白いのは、普段礼拝する人が必ずしもミフラーブの前で礼拝を行なうのではないということである。私たち日本人の感覚だと、同じ礼拝を行なうなら、メッカの側の壁の中央にあるミフラーブの前で、ということになりそうである。実際、集団礼拝は、導師を先頭にしてそのような形で行なわれるのだが、個人の場合は様々である。隅の方や後ろの方など、私たちには思いもよらぬ場所で神に祈りを捧げる人も多い。キリスト教の教会や仏教寺院とは異なって、モスクには、礼拝の対象が置かれているわけではないので（ミフラーブは単にメッカの方向を示しているだけで、それ自体が礼拝の対象ではない）、このようなことになるのだろう。

元来、いつムスリムがやってきても自由に礼拝ができるように、モスクの扉は常に開いているのが原則だが、現在は治安上の理由などから、集団礼拝の時間だけ扉を開けるモスクも多い。そのようなモスクでは、時間外には前庭や回廊が個人の礼拝の場となっている。

なお、ムスリム以外の異教徒のモスクへの立ち入りについては、スンナ派の四つの法学派で規定が異なっている。ハナフィー派は異教徒は全く自由に出入りできるとしているのに対して、マーリク派は全面禁止、シャーフィイー派とハンバル派はムスリムが認めれば出入り自由と定めている。このため、マーリク派の勢力が強い北アフリカでは、私たち異教徒がモスクに入ることがきわめて難しく、ハナフィー派が強いトルコやシャーフィイー派が優勢のシリア、エジプトでは比較的簡単にモスクに出入りできるのである。シーア派のイランでも、異教徒のモスクへの出入りに対しては比較的寛容である。

どのような人々がモスクで働いているのかは、地域によって、あるいは個々のモスクによって様々である。集団礼拝が行なわれるモスクの場合、最低限、ムアッジンという礼拝呼びかけ人と、イマームと呼ばれる礼拝の導師がいる。ムアッジンはモスクの管理人、清掃人を兼ねている場合が多く、モスクの隣かすぐ近くに住んでいる。イマームも通いであり、原則としてモスクに人は住まない。

教育の場

モスクは、宗教教育の場としても重要な位置を占めている。十～十一世紀になると、イスラム世界の各地に『コーラン』や『ハディース』（預言者ムハンマドの言行録でイスラム法の重要な法源）の意味を教え、イスラム法の解釈を伝えるマドラサという宗教教育施設が建てられるようになるが、それ以前は、もっぱらモスクの空間を利用して宗教教育が行なわれていた。また、今日でも、モスクが読み書きや『コーラン』の暗唱などの初等宗教教育のために使用されている場合が多い。

具体的には、教師と生徒が一対一でテキストを読む講義（図20）、何人かの学生が教師を囲んで車座になって座り、対話形式で行なわれる講義、夏休みなど学校が休みの期間を利用して実施される子供たちのためのコーラン学校などが開かれている。共和国になってからラテン文字を使用するようになったトルコでは、アラビア文字を教える授業なども行なわれている（図21）。

このような初等宗教教育を受けた者のうちで、優秀な生徒、向学心に燃えた生徒らがマドラサに進み、さらに本格的な勉学の道を歩む。そして、ある一定以上の知識を身につけた人々がウラマー（イスラム知識人）と呼ばれ、今度は立場を変えて、モスクやマドラサでの教育に携わるとともに、集団礼拝の時の導師（イマーム）を務めたりするわけである。

憩いの場

礼拝や宗教教育に使われているというと、何か堅苦しく、近づきがたい空間を想像しが

図20　教師と生徒の1対1の講義風景（カイセリ、トルコ）

図21　アラビア文字を習う初等教育の教室風景（イスタンブル、トルコ）

ちだが、実際のモスクは決してそのような場所ではない。特に高い天井やドームを持った大きなモスクには、夏の日中の暑さを避けて人々が多く訪れ、思い思いの格好でくつろいで座っている。ミフラーブに尻を向けて座ることも平気である。中には横になり、昼寝をしている人もいる。『コーラン』などの宗教書を読んでいる人のすぐ脇で、横になっている人もよく見かける（図22）。このことは、モスクの建物自体が聖なる空間ではないことを如実に示している。実際、法学書でも、モスクで眠ることは認められているのである。今日では、モスクが宿泊のために使われることはあまりないが、かつては、他の町から訪れた旅人に一夜の眠りを提供する場所として用いられたこともあった。

人が多く集まるモスクは、近隣の人々の集会場であり、毎日の生活レベルの細々とした情報が交換される。イスラム世界の町を歩いた経験のある人ならば、礼拝の時間でもないのにモスクの前に座って、おしゃべりに打ち興じている多くの男たちの姿を思い出すに違いない（図23）。このように、モスクは、人々にとって一刻の憩いを提供する場なのである。

また、単なる憩いの場というだけではなく、新聞やテレビ・ラジオのなかった時代には、重要な情報は、人々の集まる大きな集会モスクに、町で一番先に伝わった。そして、そこから人々の口を経て四方へと伝わっていった。

図22，23　人々の憩いの場ともなるモスク

政治活動の場

宗教と政治が密接に結びついたイスラム世界では、都市の大きなモスクはしばしば政治活動の場としても重要な意味を持つ。前近代の為政者は、しばしばその布告をモスクの壁に記したり、モスクの前で発表したりした。大きなモスクで行なわれる金曜日の集団礼拝では、必ず宗教指導者による説教があるが、この説教は往々にして政治的である。例えば、今日のイランでは、宗教指導者が同時に政治指導者であり、国の重要な政策は、金曜礼拝の時に彼らの説教というかたちをとって発表される。また、一九九二年初めの選挙での大躍進が確実視されながら非合法化されたアルジェリアのイスラム救国戦線（ＦＩＳ）の指導者が、モスクでの説教を通じて、民衆の間にその支持者を増やしていったことは記憶に新しい。礼拝の項で述べたように、金曜礼拝の時に、為政者の名が読み上げられるのも、政治活動の場としてのモスクの一面を表わしている。

象徴としてのモスク

ここまで、もっぱらモスクが現実に人々とどのような形で関わっているのかについて述べてきたが、それ以外に、建物としてのモスクが持つ象徴的機能にも注目しておかねばならない。例えば、一九九二年の十二月に、インドのアヨーディヤーで起こったヒンドゥー

図24　モスクの主礼拝室を切り裂くように建てられたキリスト教会（コルドバ、スペイン）

原理主義者たちによるモスク打ち壊しは、その典型的な例である。この事件では、モスクはイスラム教を象徴するものとして、暴徒による破壊の対象となったのである。

同様の例は、歴史的に見ても、イスラム教と他の宗教が接触するイスラム世界の「辺境」では常に見られた。スペインのコルドバにある大モスクは、今日正式にはカトリックの聖堂になっている。十六世紀に、モスクの主礼拝室を切り裂くように建てられたキリスト教会の建築は、今日の私たちの眼で見ると、何ともアンバランスな代物だが、そこから、憎きイスラムの土地を再征服（レコンキスタ）することに成功したキリスト教徒たちの複雑な気持ちを読みとることもできよう（図24）。

逆の例として、ビザンツ帝国の都コンスタンティノープルを征服したムスリムのトルコ人たちが、聖ソフィア大聖堂をモスクに変えたこともある。もっとも、聖ソフィアの場合は、その壁面のモザイクが塗り込められはしたが、建物そのものの破壊、改変はほとんど行なわれていない。モスクが特別な決まった空間を必要としないということを示す好例である。

外の世界に対して、イスラムという宗教、ないし社会を象徴する以外に、イスラム世界の内部では、モスクが政治権力の強大さやその支配の正統性を象徴することがしばしばあった。この点については、以下でモスクの歴史をたどって行く過程で具体的に触れることになるだろう。

2　最初期のモスク――七世紀

1　『コーラン』の中のモスク

モスクが何よりも「イスラム教徒が礼拝を行なうための建物」であることは、今日では常識だろう。ところが、イスラムの聖典である『コーラン』の中では、モスク、すなわち「マスジド」という語は、必ずしも今日と同じ意味で使われているわけではない。『コーラン』は、預言者ムハンマドが神から受けた啓示を、彼の死後集めた書物だとされ、あらゆる問題を考える時にイスラム教徒がまず参照せねばならないものである。私たちも、この『コーラン』の中で、マスジドがどのような意味で用いられているのかを確かめることから、モスクの歴史をたどる旅を始めることにしよう。

マスジドという語は、複数形を含め『コーラン』の中で二八回現われる。そのうち、はっきりと特定の場所を示している場合が一六回ある。「聖なるマスジド」と呼ばれるメッカのカーバ神殿の場合が一五回と、エルサレムのアクサー神域の場合が一回である。カーバとは、ムハンマドの時代以前からメッカの町に存在していた神殿である。イスラム布教開始後ムハンマドは、この神殿を「唯一神アッラーの館」と定め、イスラム教徒の礼拝の対象とした。

よいか、お前の顔を聖なる礼拝堂の方へ向けよ。汝ら、何処の地にあろうとも、必ず今言った方角に顔を向けて祈るのだぞ（『コーラン』二章一四四）。

彼の周囲にいた人々にとって、この神殿はイスラム以前から聖所として意識されてきた場所であり、ここを礼拝の対象とすることには、さほどの抵抗感はなかったはずである。神と人間の間に、一切の聖なるものを拒否するイスラムの教義にあって、メッカの神殿だけは特別の地位を保っていたのである。『コーラン』の中のマスジドの半数以上がメッカのカーバを指していることからも明らかなように、ムハンマドの時代には、マスジドと言えばまずカーバが人々の頭に思い浮かんだことだろう。

エルサレムは、ユダヤ教徒やキリスト教徒の聖地であるとともに、イスラムの教えの中でも特別の意味を持った都市である。メディナに多いユダヤ教徒をも自らの教えに取り込もうと考えていたムハンマドは、当初、エルサレムの方角に向けて礼拝を行なうように指示していた。また、ムハンマドは、ある夜、メッカからエルサレムへ飛び、そこから天に昇り、諸預言者や天使に会ったとされる。アクサー神域とは、アブラハムがその上で犠牲を捧げたと信じられているモリア山頂の岩を中心とする聖域のことで、ムハンマドが天に昇ったのもこの岩の上からだったという。もちろん、ムハンマドの時代には、この地はまだイスラムの勢力下には入っていなかった。従って、思想の上ではともかく、事実として、アクサー神域が、イスラムの礼拝堂だったわけではないことに注目しておかねばならない。

このように、マスジドが具体的な場所を示して使われている二つのケースは、ともに、イスラム以前からすでに聖所であり、イスラム時代になってもその聖性が認められた場所であった。それは、礼拝の場と言うよりもむしろ礼拝の対象とすべき場所のことだった。

この二つの場合以外の一二回は、特定の場所を指すのではなく、普通名詞としてマスジドという語が使われている。これを整理してみると、「アッラーのマスジド」などのように、イスラムと関係していると考えられる場合が一〇回ある一方で、イスラムに敵意を抱く者たちが建てた建物がマスジドと呼ばれている例（九章一〇七）、イスラエルの子、すなわちユダヤ教徒の礼拝堂がマスジドとされている例（一七章七）がそれぞれ一度ある。ただし、そのいずれもが、前後の関係から考えて、礼拝を行なう場所を意味していたことは確かである。マスジドは礼拝の場とは考えられていたが、特にイスラムのものに限られていたわけではないようである。

また、ユダヤ教やキリスト教の礼拝所と対比してマスジドが使われている例（二二章四〇）や、「礼拝所が建てられた」（九章一〇八）というようにマスジドが確実に建物だということが分かる場合が四回、ただ単に「アッラーのための礼拝の場所」「全ての礼拝の場所」というだけで、それが建物なのか、単なる場所なのかがはっきりしない場合が八回ある（二章一一四、七章二九、三一、九章一七、一八など）。

このことからも分かるように、『コーラン』の中には、マスジドはこのような形、建物でなければならないといった規定は全く見られない。マスジドが普通名詞として使われた場合、それが確実に建物を意味していたかすら疑わしいのである。

『コーラン』では、「マスジド」という語は、後世に見られるような「イスラム教徒が礼拝を行なうための建物」という限定された意味をまだ持ってはいなかった。二つの聖なる神殿のことを指すことがある一方で、普通名詞として使われた場合には、漠然と祈りの場という程度の意味を有していたのである。

このように、「マスジド」の意味や実体が『コーラン』ではっきりと規定されているわけではないのに、以後、この語はなぜもっぱらムスリムが礼拝を行なう場所、とりわけ建物のことを指すようになるのだろうか。モスクの歴史にとっては、六三二年のムハンマドの死が最初の大きな転機となる。

ムハンマドの死によって、神の啓示を受け取る術を失ったムスリムは、そのショックを乗り越えると、日常生活のあらゆる場面で、かつてムハンマドが語り、行動したように生きようとした。それが、神の求める生き方であり、天国への道だと信じたからである。ムスリムの生活の大きな部分を占める礼拝についても、ムハンマドの方法が踏襲された。生前、ムハンマドが主として礼拝を行なった場所、つまりムハンマドにとってのマスジドは、メディナの彼の居宅だった。この場所での預言者の前例に倣った礼拝こそ真のムスリムの礼拝だと人々が考えただろうことは、容易に想像できる。彼の旧宅はムスリムの「礼拝の場」として特別の意味を持つものとなった。ムハンマドの邸宅が「マスジド」に一定の意味と実体を与えたのである。モスクの原型はこうして生まれた。

2 最初のモスク——預言者の住居

六二二年、メッカでの布教を断念したムハンマドは、教友たちとともにメディナに移住する。いわゆるヒジュラ（聖遷）である。この時、移住先のメディナには、新しくムハンマドの住む家が建てられた。この建物は、約五一メートル四方の中庭を三・六メートルの高さの日乾し煉瓦製の壁が囲む方形だった（図25）。一つの家族が居住するには大きすぎるが、それはもともとこの建物が、ムハンマドのもとへ多くの人々がやって来ることを前提として建てられたからなのだろう。

この方形の東側に預言者の妻たちの居室が全部で九つあった。そのうち四つは、複数の部屋を持ち、五つは一つだけの部屋だったという。ムハンマド個人の部屋はない。中庭に面したそれぞれの部屋の入口には、黒いカーテンがかけられていた。メッカの方角にあた

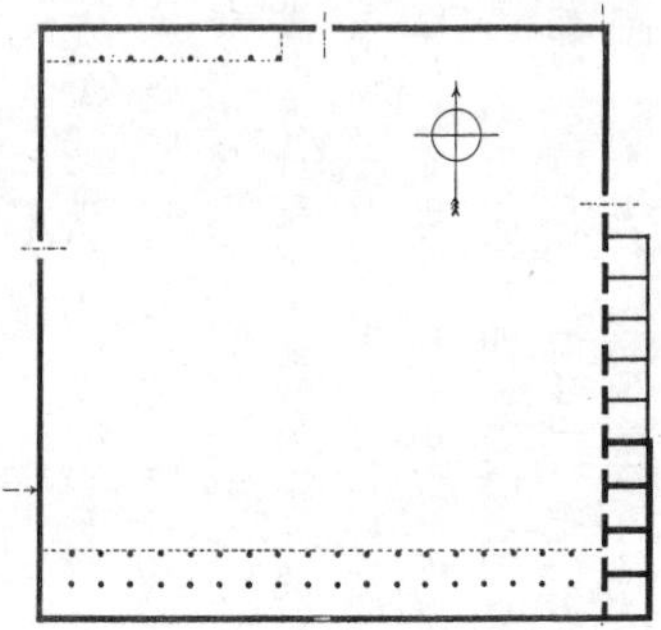

図25 「ムハンマドの家」復元平面図

る南側の壁にそっては、日中の暑さを凌ぐために、なつめやしの柱の上に葉をかぶせた簡単な屋根が設けられていた。ムハンマドや彼の周辺の人々は、その下でメッカに向かって祈りを捧げたのだろう。また、これと反対の北側にも同様の屋根があった。これは、ある時期まで、ムスリムの礼拝は、北のエルサレムの方角に向かって行なわれており、その時には、北側が建物の正面だったためと考えられている。この簡素な建物の形が、今日までイスラム世界の各地に建てられた数多くのモスクの原型となる。

この最初のモスクは、ムハンマドの在世中、様々な機能を有していた。一つは、言うまでもなくムハンマドとその家族の居宅としての機能である。六三二年にムハンマドが亡くなったのもこの建物にあった妻アーイシャの居室においてだった。つぎに、ムハンマドがたびたび実行した対メッカ軍事行動の時の作戦本部兼軍事基地としても用いられた。人々はまずここに集まって会議を開き、それからメッカの軍や隊商と戦うために出撃していった。一定数の武器や防具などがここに置かれていただろう。また、メッカの軍との戦いの後は、この建物が捕虜収容所や病院の機能も果たした。戦利品がまとめて持ち込まれ、ムハンマドの取り分が別にされたあと、残りが人々に分け与えられたのも、この建物においてだった。ムスリム共同体の全員に関わる財産の管理もここで行なわれた。

もちろんこの建物は、イスラムの礼拝所としての機能も持っていた。ムハンマドの教えを信じる人々は、この建物に来て、ムハンマドの教えを聞き、ムハンマドとともに神に祈りを捧げた。

伝承によると、ムハンマドは、移住直後はこの中庭の柱によりかかりながら、集まって来る人々に説教を行なっていたが、数年後に、タマリスクの木でできた壇をこしらえさせ、その上で話をするようになったという。この壇は三段の階段となっており、ムハンマドはその一番上の段に腰掛け、二段目に足を置いていたという。これが、のちに各地の集会モスクに設けられるようになる説教壇（ミンバル）の起源である。

ムハンマドの説教は、純粋に宗教的なものばかりではなかった。人々は神の使徒であるこの人物に、しばしば、世俗的な問題の解決をも期待した。信徒の間で何か争いが起こると、その裁定はムハンマドのもとへ持ち込まれた。その意味ではこの建物は、行政のセンターであり、裁判所でもあった。

このように、ムハンマドの住居は、誕生したばかりのムスリム共同体ウンマの政治、軍事、社会、宗教活動の中心に位置していた。必ずしも集団礼拝だけに使われた建物だったわけではない。複数の機能を持ったこの建物の性格は、必然的に後のモスクの機能にも大きな影響を与えることになる。

3 「大征服の時代」のモスク

六三二年にムハンマドが死ぬと、ムスリムたちは、彼に代わる教団の指導者を選んだ。この指導者はカリフ（代理）と呼ばれた。正統カリフ時代（六三二〜六六一）の始まりである。四人の正統カリフは、最後のアリーを除いて皆メディナに住んだが、ムハンマドの場合とは違って、彼らの住居はモスクとはならなかった。集団礼拝は、旧ムハンマド邸で行なわれた。カリフが政治的な事柄を他の指導者と話し合ったのも、多くの場合旧ムハンマド邸だったと言われる。ムハンマドが亡くなっても、その住居はムスリム共同体の中心として相変わらず様々な機能を果たし続けていた。

ムハンマドの死後の政治的混乱が一段落すると、カリフの指揮の下で、ムスリムはアラビア半島を出て、いわゆる「アラブの大征服」に乗り出して行く。六四〇年までのわずか一〇年足らずの間に、ビザンツ帝国領だったシリア、ササン朝ペルシアの統治下にあったイラクの大部分がムスリムの手におち、これらの地に多くのアラブ人が移住していった。しかし、その移住の仕方はシリアとイラクでは大きく異なっていた。シリアの場合には、アラブ人はダマスクス、アレッポなど既存の都市に従来からの住民と混在する形で住みつ

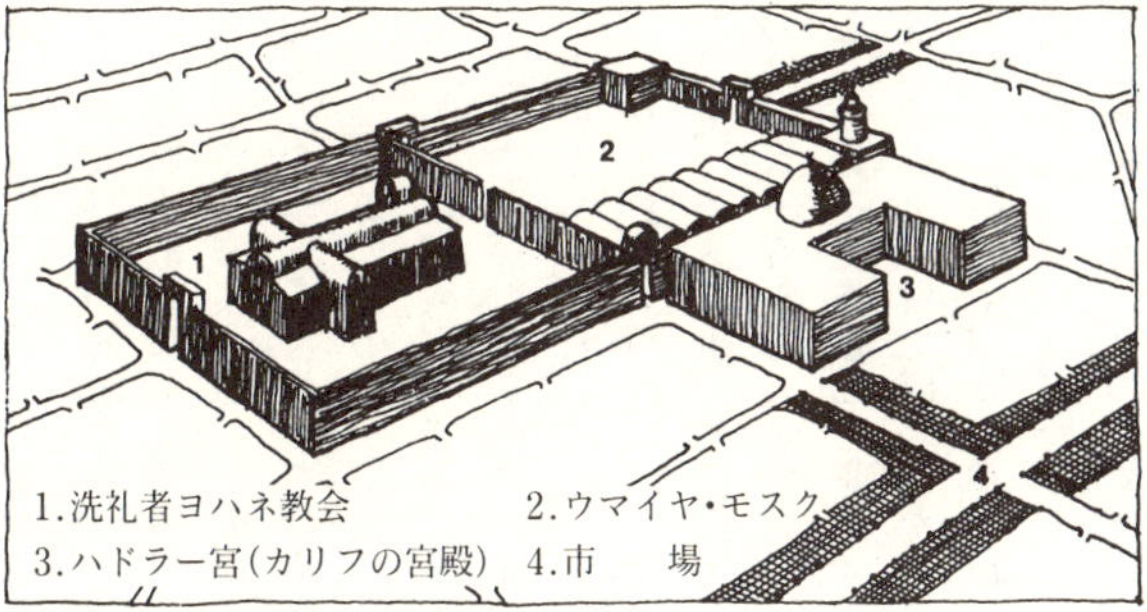

図26　キリスト教徒とムスリムによる神殿域の共有（ダマスクス）

いたのに対して、イラクでは、現地住民とは別にアラブ人だけが住む軍事キャンプのバスラとクーファが新たに建設されたからである。シリアにはすでにイスラム以前から多くのアラブ人が住みついており、わざわざ現地住民と分かれて住む意味がなかったからだとも言われるが、なぜ、シリアとイラクでこのように移住形態に差があったかについては定説はない。

ただ、アラブ人ムスリムの居住地には、彼らが一緒に礼拝を行なう場所、すなわちモスクがすぐに必要となった、という点では、どちらの地域でも事情は同じだった。シリアの場合には、既存のキリスト教会がモスクに転用される場合が多かった。教会を半分に分け、ムスリムとキリスト教徒が共用した場合もあったようである。例えば、ダマスクスの場合には、この町の中心にあった洗礼者ヨハネ教会とその周囲の古代からの神殿域が二つに分割された。教会それ自体では以前と変わらずキリスト教徒が礼拝を行ない、その東の石が敷き詰められた場所でムスリムが礼拝を行なったという（図26）。

キリスト教徒に対するみせしめとしてこのような措置が採られたわけではない。町中で人がたくさん集まることのできる場所として、大きな教会が選ばれただけのことである。他宗教の聖堂を自分たちの宗教の礼拝のために使うなどということは、私たちには考えにくいが、この頃のアラブ人ムスリムはきわめて柔軟な思考を持っていた。彼らにとって重要なことは、人が集まることのできる場所の確保であり、建物の性格は二の次だったのである。あるいは、この頃はまだ先に述べたような『コーラン』的なモスクの意味が生きていたのかもしれない。

シリアとは対照的に、イラクの二つの軍事キャンプでは、町が新しく作られたのにともなって、モスクも新たに建てられた。記録によれば、バスラに最初のモスクが建てられたのは、六三五年のことである。しかし、これはおよそ建物と言える代物ではなかった。そこがモスクであることを示す線が地面に引かれただけで屋根も何もない更地、あるいは、せいぜい葦の塀で囲われただけの空間だったと伝えられている。

クーファでは、キャンプ地の中で一番高い地点が選ばれ、そこから矢がまずメッカの方向である南に放たれた。その後、東、西、北にも同じように矢が放たれ、矢の落ちた点を境界としてモスクの位置が定められた。一辺の長さがおよそ一〇〇メートルの正方形ができ、その周囲は塀で囲まれたという。メッカの方向にあたる南側にだけは列柱が建てられ、その上に木製の切妻屋根が架けられた。柱には、近くのヒーラの町にあったイスラム以前の地方王家、ラフム家の宮殿のものも利用された（図27）。

このクーファのモスクについて、タバリーという歴史家は、興味深い話を伝えている。モスクから少し離れた場所に、総督の館があり、そこにクーファ総督府の財宝庫が置かれていた。ある晩、館の壁に穴が開けられ、財宝の一部が盗まれた。この報告を受けたカリフのウマルは、モスクを動かしてそのキブラ（「メッカの方角」を意味するアラビア語）の壁を総督の館とつなげるように命じた。「モスクには夜も昼も人がいる。人々が彼ら自身の財宝の保護者として最もふさわしい」というのが、カリフの言だったという。

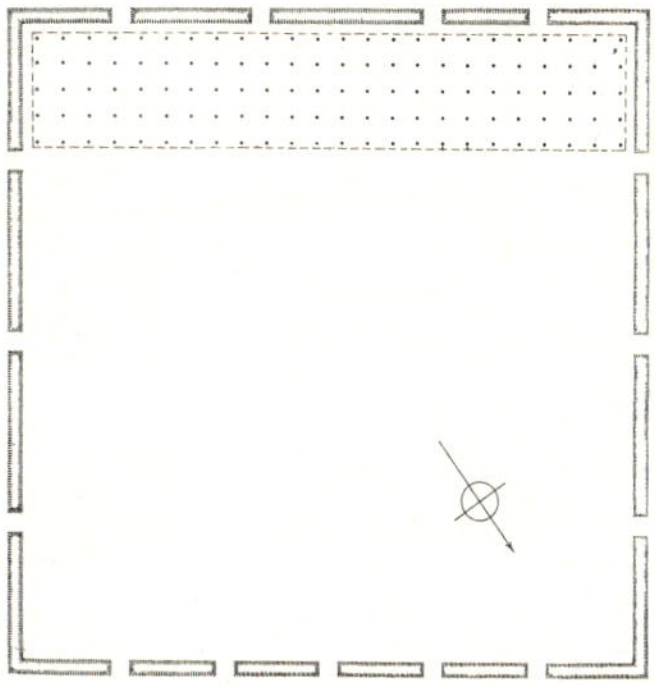

図27・クーファのモスク平面図

アルサヤドという研究者はこの話を分析し、カリフが総督の館ではなくモスクを動かすように命じたのは、館の方が重要だったからではなく、単にモスクが建物として非常に単純で、簡単に移動させることができたからだと述べている。当時のモスクの簡素さを考慮した鋭い意見だと思う。それはともかく、このモスクの移動によって、モスクと総督の館はワンセットとなり、町の中心に位置することになる。これは、その後二〇〇年余りの間、初期イスラム時代の各地の主要都市に見られる典型的な位置関係となるのである。

六四〇年代初めには、エジプトが征服され、この地にも新たに軍事キャンプ（ミスル）が作られた。フスタートである。征服者アムルの名にちなんでアムル・モスクと呼ばれることになるこの町のモスクは、六四一年から六四二年にかけて建てられた。二九×一七メートルの建物で、中庭はなく、なつめやしの幹を柱とし、屋根は、なつめやしの葉と泥で葺かれていた。床面は舗装されず、小石が一面に撒かれていた。絨毯も敷かれていなかったという。壁はおそらく日乾し煉瓦で作られ、漆喰は塗られていなかったようである。

このように、正統カリフ時代に征服地で相次いで建てられたモスクには、まだ決まった形はなかった。ムスリムが住む場所には、共同で礼拝を行なうための施設が必要、との合意があったことは確かだが、それは既存の建物を転用したり、仮設に近い簡単な建物を建設することで解決されていた。金曜の集会用モスクの他に、クーファやバスラには、アラブの各部族の居住地区ごとに小さなモスクが存在していた。これらの小モスクがどのような形をしていたのかは、史料に記述が乏しく正確には分からない。しかし、信徒が多数集まる大モスクですら、上で述べたように、質素なものだったとするならば、各居住区の小さなモスクが建築としては取るに足りないものだったろうことは容易に想像できる。七世紀には、後の時代に見られるような荘重なモスクは、まだ全く建てられていなかったのである。

建物の老朽化が進んだこと、人口が増加してそれまでの建物が狭隘となったことなどのために、バスラやクーファ、フスタートでは、六六〇年代に入ると、モスクの建て替えが始まった。焼き煉瓦やチーク材など、それまでよりは堅牢な材料を用いて建設が進められたという。規模の拡張も行なわれた。しかし、これらの建物は、基本的にはそれまでの建物の様式を受け継ぎ、実用本位だったと考えてよい。モスクが統一的な建築様式を持ち、様々な装飾によって美しく飾られるようになるのは、ウマイヤ朝後期、八世紀に入ってからのことだった。

3　古典型モスクの時代——八～十世紀

1　預言者のモスク

六六一年、当時シリアのダマスクス総督だったムアーウィヤが、イスラム世界の政治権力を掌握した。ウマイヤ朝の成立である。以後、八世紀の半ばにアッバース朝がこれにとってかわるまでの約一世紀の間、イスラム共同体ウンマの政治的な中心は、シリアのダマスクスに置かれることになった（図28）。このウマイヤ朝カリフ政権の時代、とりわけ八世紀の初めの第六代カリフ、ワリード一世（在位七〇五～七一五）の時代は、モスクの歴史の上で一つの大きな画期となる。

それまで建物としてのモスクの壮麗さ、美しさにはほとんど無関心だった征服者のアラブ人ムスリムが、イスラム勃興から一〇〇年近く経ったこのカリフの時代になると、それ以前には全く存在しなかったような素晴らしいモスク建築を次々と建てはじめるのである。それらのモスクには、全体として一つの建築形式と見なしうる共通の特徴が見られる。建

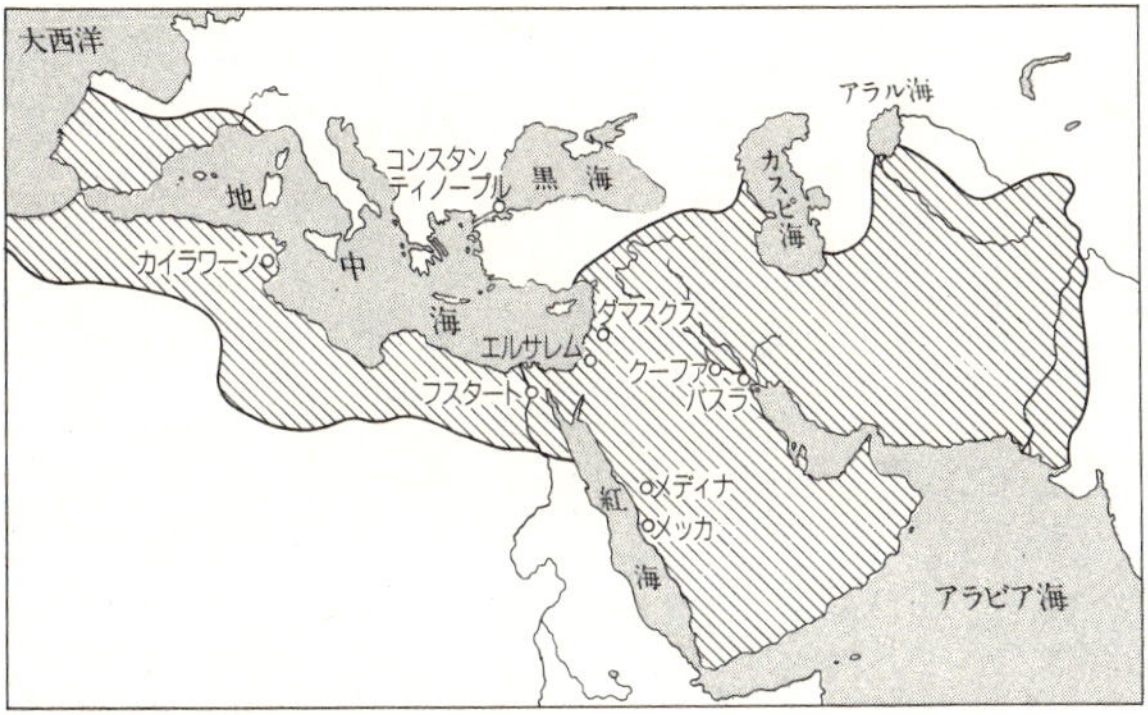

図28　ウマイヤ朝時代のイスラム世界

築史の術語としては、しばしば「古典型」と呼ばれるこの建築形式の特徴はどのようなものだったのか、それはイスラム世界の歴史上どのような意味を持つのかという問題をここで考えてみることにしよう。

預言者のモスクの大改築

モスクの新しい時代は、いま一度、メディナの預言者のモスクから始まった。七〇五年に父のあとを継いだワリードは、即位の翌年の七〇六年、この由緒あるイスラム最初のモスクの大改築を命じた。足かけ五年を費やした工事は、既存の建物をすべて取り壊し、規模を大幅に拡大して建て直すというもので、その意味では、これは事実上新しいモスクの建設だった。それではまず、この時に建て替えられた新しいモスクの概要を記すことにしよう。

現在メディナにある預言者のモスクは、少なくとも二度の火災と度重なる修復や改築工事によって、ウマイヤ朝時代の原型を全くとどめていない。とりわけ、一五一七年に始まるオスマン朝支配の時代には、徹底的な改変が加えられた。従って、ワリード時代のモスクを知るには、文献史料に頼るしかないが、幸いこのモスクについては多数のアラビア語文献に記述が残されている。図29は、フランスのアラブ学者ソヴァジェがそのような文献を渉猟して復元した八世紀初めの預言者のモスクの復元平面図である。

史料によって数字に異同があり、正確な大きさは決めがたいが、新しく建てられたモスクは、一辺がおおよそ一〇〇メートルの方形の建物だったと考えられる。改築以前が一辺約五〇メートルだったので、二倍の規模を持つことになったわけである（図中の点線は旧預言者のモスクの大きさを示す）。

中庭は柱廊で囲まれ、北と南の柱廊は五列、西は四列、東は三列の柱間からなっている。中庭に面した柱列だけはアーチを持っていたが、奥の柱列は柱が直接天井を支えていた。チーク材の天井には彫刻が施され、金で彩色されていた。柱は、大理石製、または石に漆喰を塗ったものだった。

礼拝室の内部の壁は数段に分かれ、それぞれの部分が意匠を凝らした大理石板で覆われていた。壁の上部には『コーラン』からの引用句が彫られ、最上部にはモザイクによる装飾が見られた。このモザイク装飾は、後で述べるダマスクスのウマイヤ・モスクの場合と同じく、当時のシリアに残っていたビザンツ建築の影響と見ることができよう。屋根は平屋根で、鉛で覆われていた。建物の高さはおよそ一三メートルだった。方形の建物の四隅には、それぞれミナレットが立っていた。これらのミナレットは、一辺の長さが四メートルの四角形で、高さは少なくとも二五メートルあった。

以後のモスクには必ず見られるメッカの方向を示す壁の窪みであるミフラーブが、このモスクで初めて採用されたと言われる。このミフラーブは、モスクの中心軸よりやや東に位置し、美しく装飾された。ミンバルはムハンマドの時代にはタマリスクの木でできた三段のものだったが、この頃にはその下に黒檀の木でできた六段が付け加えられ、全部で九段となっていた。これは、ムハンマドの後継者である初代カリフが預言者の座った最上段には座らず二段目に腰掛け、さらにその後継者は三段目に座り、というように指導者の座る位置が次々と低くなっていったため、階段が付け足された

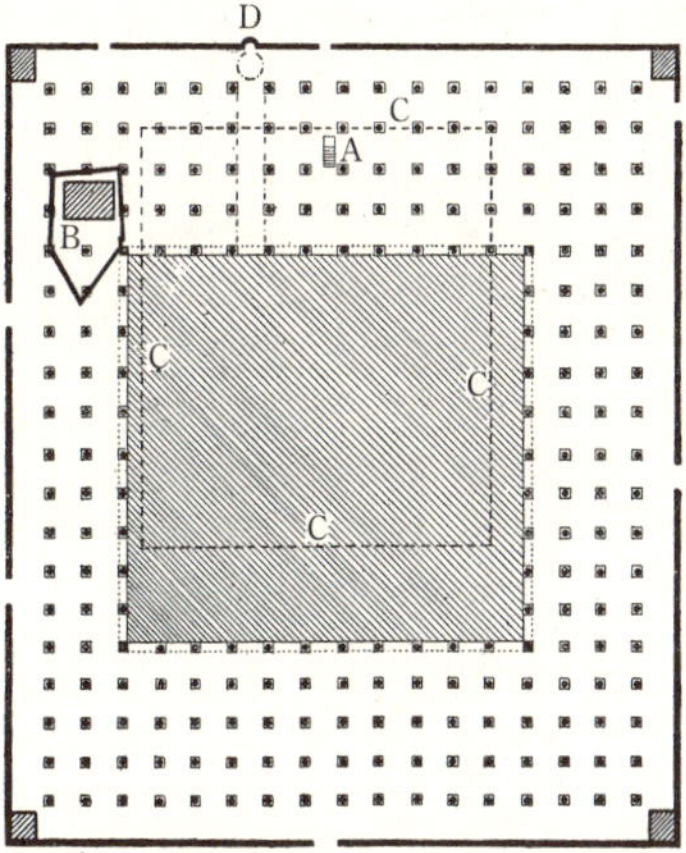

A.ミンバル　B.預言者の墓　C.旧モスク　D.ミフラーブ

図29　8世紀初めの預言者のモスク復元平面図

結果だった。このミンバルは、先代の旧モスクの時と同じ位置に置かれた。このため、ミフラーブではなくミンバルがモスクの中心線上に位置することとなった。

これ以後に建てられる各地のモスクでは通常ミフラーブがキブラ（メッカの方向）側の壁の中央に置かれるが、このモスクの場合は、ムハンマド時代からの由緒ある、ミンバルが中心となった点に特徴がある。このミンバルは十三世紀に火災で焼けるまで、そのままの形で残っていたという。

南側の主礼拝室の東隅には、中に預言者ムハンマドの墓のある囲いがあった。囲いは一般の人々に中が見えないように石で作られ、上部だけは布で覆われていたという。ここは、六三二年に預言者の遺骸が埋葬された場所で、旧モスクの東側、妻たちの部屋の一つの奥まった所にあたる。墓の位置を動かさずに旧モスクを拡張したために、このようなやや不自然な場所に墓が残ることになった。

以上をまとめると、一、方形で中庭回廊式の建物であること、二、屋根は平屋根で、鉛葺きであったこと、三、預言者のミンバルが中心線上にあり、ミフラーブの位置が偏っていること、四、左右が必ずしも対称的ではないこと、五、内部の壁、柱、天井、ミフラーブなどに装飾が見られること、六、預言者の墓があること、などが、このモスクの建築物としての主な特徴となろう。

このうち、一、四は旧預言者のモスク以来の建築的特徴を受け継いだもので、三、六はモスクを拡大したために生じたこのモスクに独特の現象である。とすれば、屋根に鉛が用いられたこと（二）、内部に装飾が施されたこと（五）が、建物の拡大とあわせて、カリフ・ワリードによる改築工事の主眼点ということになろう。それまでのイスラム初期のモスク建築の簡素さと比較すると、このモスクは際だって洗練された豪華な建築なのである。次にカリフ・ワリードが命じたもう一つの大規模なモスク建築であるダマスクスのウマイヤ・モスクの場合を見てみよう。

2　ウマイヤ・モスク

ダマスクスを征服したアラブ人ムスリムが、町の古くからの神域にあった聖ヨハネ教会の敷地の一部を礼拝に用いていたことは、すでに前章で述べた。その後、ウマイヤ朝カリフ政権の都となったこの町で暮らすムスリムの人口が増大するにつれて、この仮設モスクは次第に手狭になってきた。そこで、ムアーウィヤ以来歴代のカリフは、隣接する洗礼者ヨハネ教会の建物をキリスト教徒から買い取ろうと何度か試みたが不成功に終わっていた。ワリードも司教に買収を持ちかけ、もし拒否すれば、教会を没収、破壊すると告げたという。ところが、かつてムスリムがダマスクスを征服した時に、この教会をキリスト教徒の手に残すという約束がなされており、司教は、この約束を楯に買収に応じなかった。交渉の余地がないと考えたワリードは、ついに教会の没収、破壊を決意する。七〇五年のことだった。この教会を破壊した者は、狂人になるという言い伝えが人々の間にあったため、司教はよもやカリフが脅しを実行に移すとは考えていなかったのである。

十二世紀にダマスクスの地誌についてまとめたイブン＝アサーキルの伝えるところによれば、カリフは、率先して教会の塔に上り、「異教徒どもは、最初にこの教会に手をつけた者は狂人になるなどと申しておる。では、この私がまず神のために狂人となろう」と語ると、建物に斧を振り下ろしたという。没収は強行され、教会はモスクに変わった。しかし、一方で現実をよく認識していたカリフは、キリスト教徒の不満を最小限におさえるために、ダマスクス征服時以来ムスリムの手にあって使われていなかったいくつかの教会を彼らに返却し、その使用を認めたという。

七〇六年から九年間かけて新しく建設されたモスクは、古代ローマ時代の神域全体を敷地とする大規模なものだった。建築を命じたウマイヤ家カリフにちなんでウマイヤ・モスクと呼ばれることになるこのモスクには、以後、今日に至るまでの一三〇〇年以上の年月の間に、たびたび修復の手が加えられた。とりわけ、一〇六九年と一八九三年の二度の火災はこのモスクに大きな被害を与え、その後大がかりな復旧作業が行なわれている。しかし、このような大規模な修復工事によっても、モスクの基本構造は変化しなかった。そこで、現在のモスクの平面図と模型を参考にしながら、このモスクの構造と建築的な特徴を

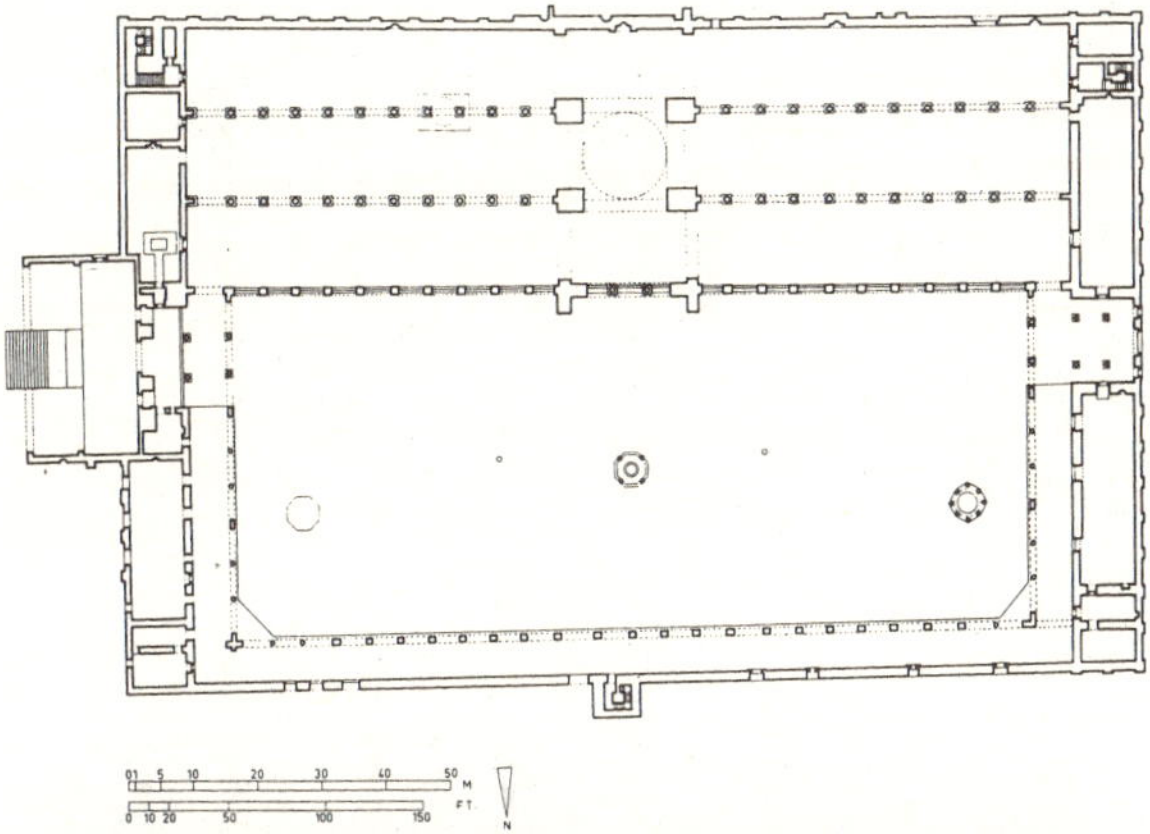

図30，31　（▲）ウマイヤ・モスクの平面図。（▼）同模型

簡単に説明しておこう（図30、31）。

モスクの建物自身は、東西は一五七メートル、南北は一〇〇メートル、中庭は東西一二二・五メートル、南北はややいびつだが東辺、西辺ともに約五〇メートルの長さである。中庭の南側に奥行きの深い主礼拝室の空間があり、それ以外の三方はリワークと呼ばれる回廊がめぐっている（図35）。このモスクは中庭に立って四周を眺めた時、それにミフラーブの前で周囲を見回した時に、建物として最も美しく見えるように設計されている。つまり、建物の中に入って初めてその素晴らしさが分かる仕組みになっているのである。

これに対して、外からのモスクの眺めは大層そっけない。外壁は積み上げられた石がそのままむき出しになっている（図32）。モスクへの入口も何の飾り気もない簡素なものである。うっかりすると見逃してしまうような目立たない入口である。モスクの建物の両隅にミナレットが立っているが、これは、キリスト教会時代にすでに存在した物見櫓をそのまま残しただけのものである。このモスクの場合、重視されたのは疑いもなく建物の内側だったのである。

それでは、その内側はどのような構造になっていたのだろうか。主礼拝室には、キブラ壁に平行に三列の柱列が並んでいる。内側の二列の柱は、一八九三年の火災後すべてつけ替えられた。この柱列は、その上に二層のアーチを載せており、上段のアーチ二つが、下段のアーチ一つに対応している（図33）。柱列と柱列の間の屋根は、切妻式である。教会

図32　ウマイヤ・モスクの外壁

の身廊を思わせるこの柱列は、モスクが建てられる前にこの神域に建っていた聖ヨハネ教会のものをそのまま移動させて転用したのだろうと言われている。

　中央のミフラーブの前だけは南北方向、即ちキブラの方向にアーチがかかっており、ここで東西方向の柱列は二つの部分に分かれる。この南北に走るミフラーブ前のアーケードの中央天井には、ドームが置かれた（図34）。このドームは元来木製であり、十一世紀後半の火事の後、セルジューク朝のマリク＝シャー（在位一〇七二〜九二）によってつけ直されたドームも木でできていた。現在のドームは、十九世紀末のもので石造である。ミフラーブは、中央のもの以外に三つ、合計四つあるが、いちばん西側のものは新しい。

中庭に面した回廊も主礼拝室内と同様に二層のアーチを持つ。その屋根までの高さは一五メートルあまりである（図35）。南の主礼拝室側の回廊の中央には、三つの飾りアーチを持ち、他の部分より一〇メートルほど高い切妻屋根の正面壁面（ファサード）が立ち上がっている（図36）。このファサードが、ビザンツ帝国の都、コンスタンティノープルの

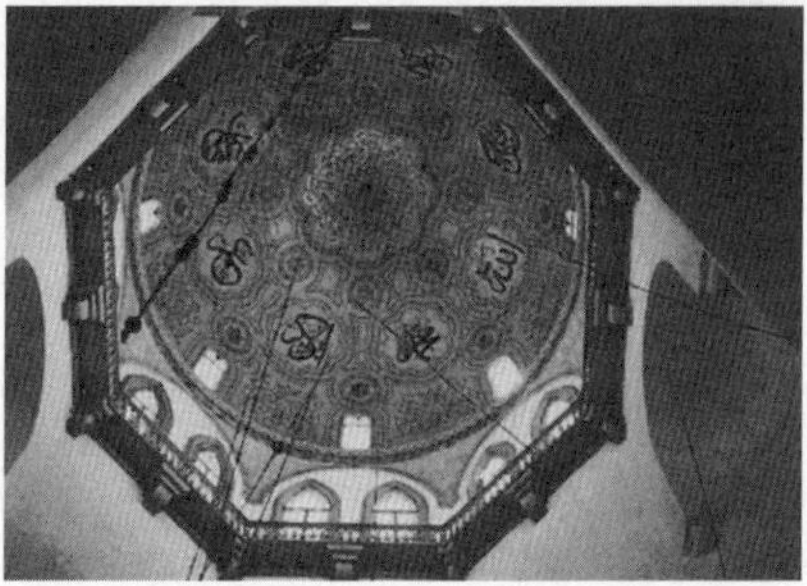

図33，34　ウマイヤ・モスクの内部。（▲）二層のアーチ。（▼）中央天井のドーム

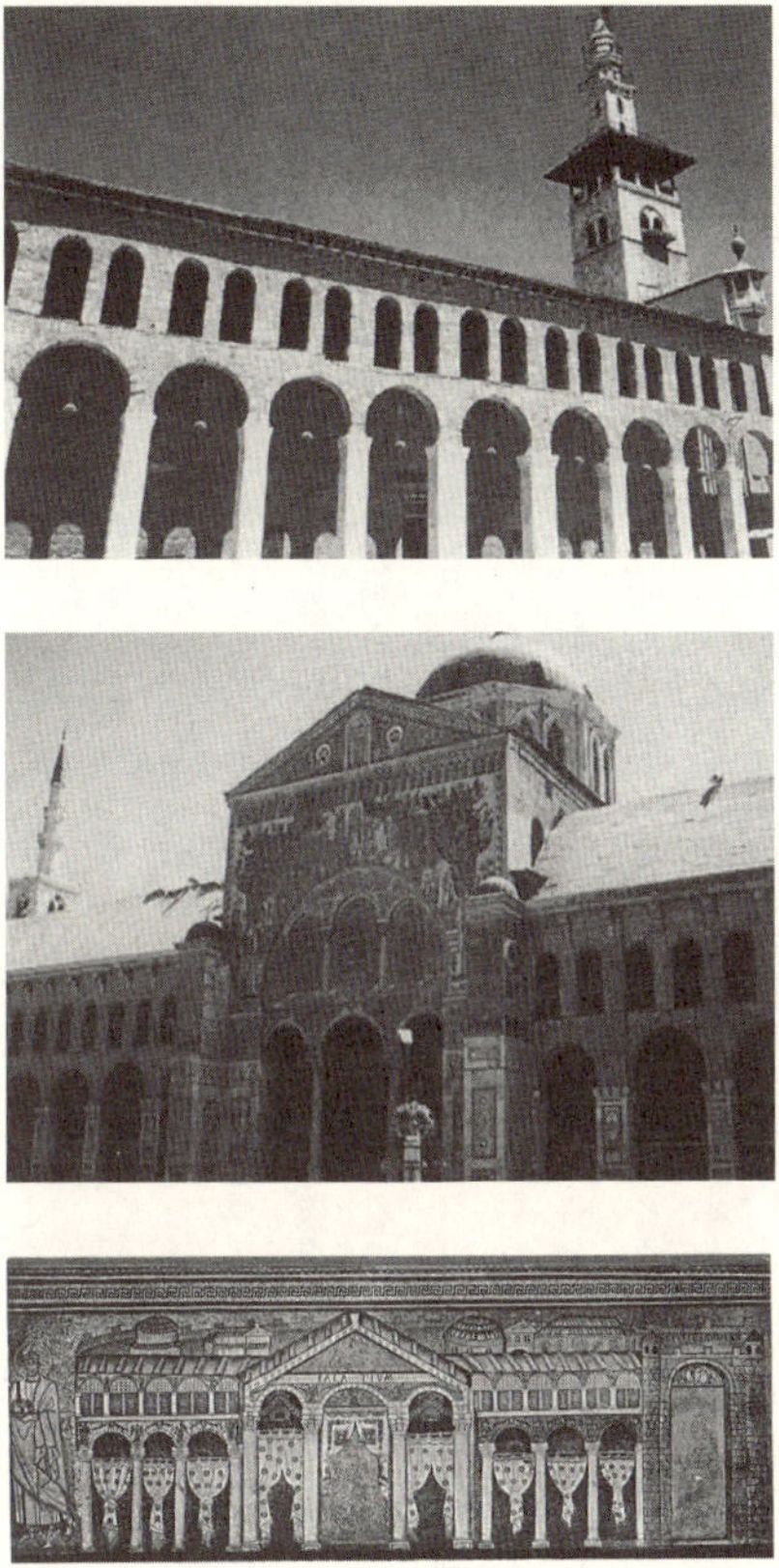

図35、36、37　ウマイヤ・モスクのファサードと回廊。
(上)回廊の二層アーチ。(中)ファサード。(下)テオドリック宮殿のモザイク画

宮殿の入口を模したものであることを証明したのはクレスウェルである。イタリアのラヴェンナに残る教会の一つに、ビザンツ皇帝の宮殿に似せて建てられたというテオドリックの宮殿のモザイク画が残っているが、それを見る限り、クレスウェル説の正しさは疑いようがない（図37）。これはおそらくウマイヤ・モスクの設計、建設に携わったギリシア系工人のアイディアだったのだろう。中庭の中央に立って四方を見回せば、表面を金色のモザイクで飾られた南側中央のファサードが圧倒的な迫力で迫って来る。それと同時に四周の回廊におけるアーチの繰り返しが、軽快でリズミカルな印象を与えている。ファサードと回廊のこの対照の妙が、建物全体の魅力を大いに高めているように見える。

建物本体がこのように凝った造りになっていたことが、ウマイヤ・モスクの最大の特徴だが、さらにもう一つの特徴として、その豪華な装飾が挙げられる。中庭は白大理石で舗装され、壁も地面から五、六メートルのあたりまでは、同じ白大理石のパネルで覆われていた。その上の壁面は、金色をふんだんに使った美しいモザイク画で装飾されていた。モザイク画の主題は、『コーラン』に描かれた天国もかくやと思われるような楽園だった。人物の姿はないものの、緑したたる木々や潺々《せんせん》と水の流れる小川、立派な建物や橋などが鮮やかに描かれていた（図38）。礼拝のためにこのモスクにやってきた人々は、さながら地上の楽園にいるかのような錯覚を覚えたに違いない。

建物を豪華、華麗なものとするために、ワリードはモスクのドームを金箔で覆うことを

図38　ウマイヤ・モスク回廊壁面のモザイク画

考えた。しかし、金はあまりに高価であったために、その代わりに当時は同様に貴重な金属であった鉛を用いることになった。ところが、鉛もまたダマスクスだけでは足りず、ウマイヤ朝統治下の各地に鉛を求める使いが出された。ヨルダンの知事は、カリフが要求する鉛を準備するために、やむなくキリスト教徒の墓を掘り返し、鉛でできた棺を溶かすほどだったという。ワリードが、このモスクをいかに美しく装飾しようとしていたかがよく分かるエピソードである。メディナの預言者のモスクの場合と同様、このウマイヤ・モスクも、それまでのモスクとは異なって、まず美しく壮麗であることが要求されたのである。

3 ウマイヤ朝後期のモスクの特徴

壮麗なモスク

預言者のモスクとウマイヤ・モスクという同時期に建てられた二つのモスクを検討してみた結果、両者に共通の特徴がいくつか見られることが分かった。その主なものは、一、方形中庭式の建物で、中庭を連続アーチの回廊が取り巻くという基本構造を持っていること、また、四周の回廊は中庭に向かって開いており、中庭と回廊の間はどこからでも自由に行き来できること、二、他の三辺に比べると、メッカの方向（キブラ）側の回廊の柱列の数が多く、この部分が主礼拝室としての役割を持っていること、三、モスクの中庭に面した壁や礼拝室内部の天井、壁などがモザイクや彫刻、大理石などで美しく飾られていること、である。このような建築的特徴を備えたモスクを、一般に「古典型モスク」と呼ぶ。細かい点に違いはあるが、この型のモスクは、以後十世紀頃までイスラム世界の各地で数多く建設された。

八世紀初めのワリードの時代に、建築作品として意味を持つようになったモスクは、また、堂々たる構造、絢爛たる装飾によって、豪華さ、壮麗さをも獲得し、実用本位の建物

図39　エルサレムの「岩のドーム」

から記念碑的な建築物へと転身した。このことは結果として、質素な自宅で礼拝を行なっていたムハンマドの故事や、それを受け継いで各地に作られていた簡素なモスクの伝統から遠ざかることを意味した。ワリードは、なぜイスラム誕生以来一〇〇年近い慣習を破って、預言者の教えに背くような巨大なモスクを建てることや、さらにそれを美しく飾ることを命じたのだろうか。

実は、変化は、彼の父、アブド＝アル＝マリク（在位六八五～七〇五）の時代からすでに始まっていた。このカリフの時代に、イスラム世界で初めての記念碑的な建造物であるエルサレムの「岩のドーム」（図39）が建設されていたからである。内部が美しいモザイクで飾られたこの建物は、当時ウマイヤ家に敵対してカリフを名乗る人物が押さえていたメッカのカーバ神殿に対抗して、シリアの人々の新たな巡礼地とすることを意図して建てられたものだった。古代からの由緒あるエルサレムの神殿域で高く金色に輝くドームは、ウマイヤ朝カリフの力、権威、統治の正統性を人々に目に見える形ではっきりと示した一大モニュメントだった。

このアブド＝アル＝マリクの前例を知れば、彼を継いだワリードによる大モスクの建造が、何よりも自らの栄光を称え、権力の強大さを誇示するためのものだったということは明らかだろう。ワリードの即位は、メッカの対抗カリフとの内戦が勝利のうちに終わり、ウマイヤ家の覇権が確立した直後のことであり、彼が記念碑的なモスクの建造によって、新しい時代の始まりを告げようとしたことは想像に難くない。絢爛豪華なモスクの誕生は、ワリードによる勝利宣言とでも言うべきものだった。

イスラムの象徴としてのモスク

それとともに忘れてはならないのは、建物として優れたモスクの存在が、単にムスリム社会で、それを建てた人物の名声に寄与しただけではなく、他の宗教を信じる人々に対して、イスラムという宗教の偉大さを認識させるためにも貢献したということである。多くのアラブ人年代記作者が伝える次の話は、それを如実に証明している。

敬虔さで知られるカリフ・ウマル二世（在位七一八〜七二〇）は、ウマイヤ・モスクの華美な装飾が、カリフの栄光を賛美するためだけのものであり、決してイスラム本来の教えにかなうものではないことを知っていた。このため彼は、そのモザイクや大理石による装飾を取り除くことを命じようとしたが、ちょうどその時、ウマイヤ・モスクを訪れたビザンツ帝国の使節の言葉がカリフに伝えられた。それは、「我々はいつもアラブ人をあなどり、彼らの国家はうつろいゆくものだと話していた。しかし、このようなモスクを建てた者は誰であれ、永遠に続く国の偉大なる王である」というものだった。これを聞いたカリフは、直ちに自らの計画を放棄したという。

賢明なウマル二世は、美しい装飾を持つ壮麗なウマイヤ・モスクが、ライヴァルであるビザンツ帝国にイスラムの偉大さをアピールする絶好の装置であることに気付いたのである。彼のように敬虔で宗教的に厳格なカリフでさえ、モスク建築が象徴的な価値や政治的な意味を持ちうることを理解したと同時に、それが華美に装飾されることを容認した。これ以後、豪華なモスクの建設に対する歯止めはなくなり、七世紀の簡素なモスクの伝統は過去のものになって行った。その意味で、八世紀初めのワリードによる大建築事業は、モスクの建築史の中で大きな画期となった。アメリカの建築史家アルサヤドは、ウマル二世の変心をムスリムのモスク建築に対する姿勢の転換点と説明しているが、もっともな意見である。

いずれにせよ、ワリードが建設を命じたメディナの預言者のモスクとダマスクスのウマイヤ・モスクは、それ以後のモスク建築の一つのモデルとなった。同じ建築形式を持ったモスクがイスラム世界の広い範囲で建設されたことに注目せねばならない。ウマイヤ朝やこれを継いだアッバース朝初期のカリフのもとで、政治的に統一されていたイスラム世界では、モスク建築の様式にもある程度の統一性が見られたのである。以下、古典型モスクの代表例をいくつか取り上げて、この問題をさらに深く考えてみよう。

4 「平安の都」バグダードのモスク

八世紀の半ば、ウマイヤ朝の滅亡、アッバース朝カリフ政権の成立によって、イスラム世界の中心は、シリアからイラクへと移った。この節と次の節では、ウマイヤ朝期との相違に注目しながら、アッバース朝期の代表的なモスク建築を取り上げ、検討することにしよう。

アッバース朝第二代のカリフ、マンスール（在位七五四〜七七五）は、七六二年、新都バグダードの建設を命じる。イスラムの誕生以来初めての本格的な首都の建設事業だった。ティグリス川のほとりに建てられた新しい都は、マディーナ＝アッ＝サラームすなわち「平安の都」と呼ばれ、東西の物資の交差点として盛時には一〇〇万を超えるとも言われる人口を擁する大都会へと成長した。この町の当初のプランの大きな特徴が、カリフの宮殿を中心とした有名な円城である。この円城は、ティグリス川の西岸に建てられたが、九世紀に戦乱による破壊を蒙り、その後カリフが川の東岸に新しい宮殿を建ててそちらに住むようになったこともあって、早い時期に荒廃した。このため、主に日乾し煉瓦と焼き煉瓦で作られていたマンスールの円城はすっかり姿を消し、今日その跡は残っていない。

従って、我々は、史料に残された記述から往時を推定するしかない。何人もの学者が円城の復元を行なったが、そのうち現在もっとも信頼が置けると考えられているのが、ラスナーによる復元図である（図40）。これによると、円城は直径が二・三五キロ、四つの門を持ち、三重の城壁に囲まれていた。内部には王宮とモスク、諸官庁、兵舎、カリフ一族の住居など公的な建造物が建てられていたという。カリフの宮殿、「金門宮」は、円城の中心に位置していた。一辺およそ一八〇メートルの方形の建物で、その屋根には約四〇メートルの高さのドームが置かれた。

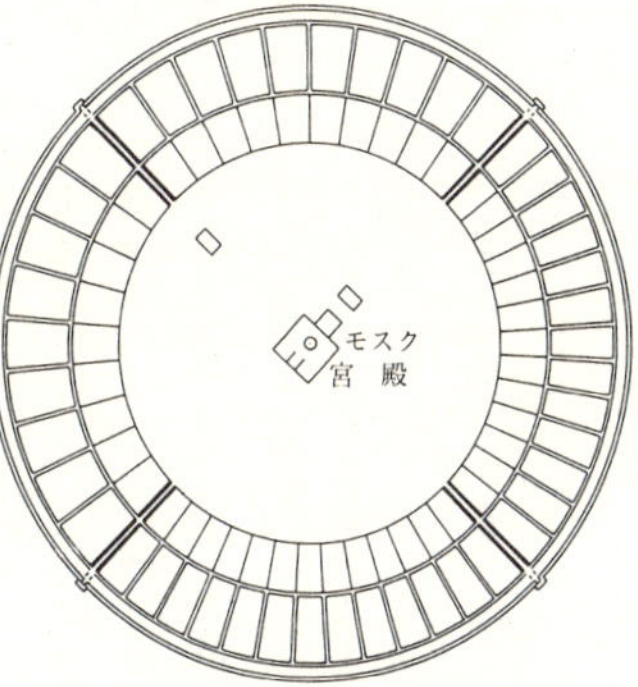

図40　ラスナーによるバグダード円城の復元図

この宮殿の北東壁に接して、大モスクが建設された。モスクのキブラ壁が宮殿の北東壁となり、モスクと宮殿があわさって一つの複合建築物となった。これと同様の位置関係がクーファですでに見られたことは、2章の3で述べた。モスクの一辺は宮殿の壁の三分の一程度だったというから、およそ六〇メートルほどになろうか。中庭を中心にその周囲を列柱が取り囲む典型的な方形中庭様式のモスクだったという。建築資材としては、主に日乾し煉瓦が用いられ、屋根は木製の柱に支えられていた。ただ、建物は今日全く失われてしまったために、その装飾などの詳細は不明な部分が多い。カリフの宮殿とモスクの共通の壁には、扉が設けられ、カリフは、宮殿の奥の部屋から直接モスクに入って、カリフなどの貴人専用の祈りの場所であるマクスーラに赴いた。マクスーラは、礼拝室内部の格子などで仕切られた空間で、一般の人々は立ち入ることができなかった。こうすることによって、誰もが自由に出入りできるモスクでの貴人暗殺を未然に防ぐ狙いがあったという。

このように、バグダードの都市計画において、まず中心に置かれたのは、カリフの宮殿だった。円形都市とその中心にあるカリフの宮殿という幾何学的な都市計画は、多くの研究者の関心を惹き、その意味をめぐってこれまで様々な意見が提出されてきた。代表的なものとしては、そこに、イスラム的コスモロジーを見いだす立場、古代イラン以来の円形都市の伝統を重視する立場、防御を考えた実用本位を主張する立場などがある。しかし、この都市計画をどのように読み解くにせよ、ここで見逃してはならないことは、この計画都市において最も重要な要素として認識されていたのがモスクではなくカリフの宮殿だったという事実である。バグダードにおいては、モスクは、宮殿に付随した建設物でしかないのである。

一時代前のウマイヤ朝の首都ダマスクスにおけるモスクとウマイヤ朝カリフの宮殿の関係を思い起こす時、このバグダードの都市プランは非常に興味深い。ダマスクスでは、古代以来のこの町の中心である神殿域にまず壮麗なモスクがあって、カリフの宮殿はそのそばに付属的に建てられていたからである。都市内部における宮殿とモスクのこのような立場の「逆転」現象はどのように理解すればよいのだろうか。

この問題を解く鍵は、ダマスクスとバグダードの地理的、歴史的条件の違いに見いだせる。ダマスクスは、イスラム以前にすでに長い町の歴史を持っていた。町にはイスラム時代になってもキリスト教徒が数多く住んでおり、シリアの旧支配者であるビザンツ帝国は、旧領土の奪還を虎視眈々と狙っていた。このような状況では、支配者であるウマイヤ朝カリフの威光を示すとともに、イスラムそのものの権威を確立し、異教徒にその偉大さを認めさせることがぜひとも必要だった。豪華なウマイヤ・モスクの建造は、この二つの条件を一挙に満たす一石二鳥の解決策だった。

これに対して、バグダードの場合は、条件がかなり異なっている。この町はアッバース朝によって新しく建設された都であり、ダマスクスのように元来異教徒たちが居住していた町を都にしたわけではない。この地の旧支配者であるササン朝はすでに滅び、異教徒の勢力に町が脅かされる心配はまずなかった。イスラムの誕生からおよそ一五〇年を経て、この新しい宗教体系は人々の間に確固として根付き、その権威はいまさら強調されるまでもなくなっていた。このように考えれば、バグダードで、モスクではなくカリフの宮殿がその都市計画の中心に位置し、しかもモスク以上に立派な建造物であった理由は明らかだろう。強調されるべきは、まだ成立して間もない新王朝アッバース家カリフの権威だったのである。

5 サーマッラーの大モスク

八三六年、アッバース朝のカリフ、ムータシム（在位八三三〜八四二）は、バグダードからティグリス川を一五〇キロほど遡ったところにあるサーマッラーに都を遷した。そして、彼とその二代あとのカリフ、ムタワッキル（在位八四七〜八六一）の時代を中心として、この地では大がかりな都市建設が行なわれた。とりわけムタワッキルの時代には、その一四年の治世の間に大モスクが二つも建設されている。一般にムタワッキルのモスクないしはサーマッラーの大モスクとして知られるものと、アブー＝ドゥラフのモスクと呼ばれるものである。この二つのモスク以外にも、カリフの宮殿や貴族の邸宅など壮麗な建造物が数多く建てられ、町は大いに発展した。

しかし、八九二年にカリフ・ムータミド（在位八七〇～八九二）がサーマッラーを捨ててバグダードに戻ると、町は急速にその繁栄を失って忘れられ、大部分が廃墟化した。このことがかえって今日の歴史学者や建築学者には幸いしたとも言える。というのも、アッバース朝のもう一つの中心だったバグダードはその後、モンゴルの侵入による破壊、度重なる洪水、十六～十七世紀のサファヴィー朝とオスマン朝による争奪戦、さらに十九世紀以降の大規模な近代化政策などによって、その華やかなりし時代の建造物をすべて失ってしまったからである。アッバース朝時代の建物の実際を知るために、サーマッラーの遺跡は、絶好の材料を提供しているのである。この町の主な建造物については、今世紀の初めにドイツの学者が大がかりな調査を行ない報告書を出版している。これを参考にしながら、簡単に二つのモスクの特徴をまとめておこう。

サーマッラーの大モスク（ムタワッキルのモスク）

ムタワッキルのモスク（図41）は、今日に残る世界中のモスクの中で最も大きな面積を持つものである。八五二年の完成で、建物本体は二四〇×一六〇メートル。その中庭は一六〇×一〇〇メートルという壮大な規模を誇る。今日残るのは本体の外壁のみで、その厚さは二・六五メートルである。外壁の四隅に塔があり、それ以外に、東西に八つ、南北に一二の塔状の半円形の張り出し部分が設けられていた。

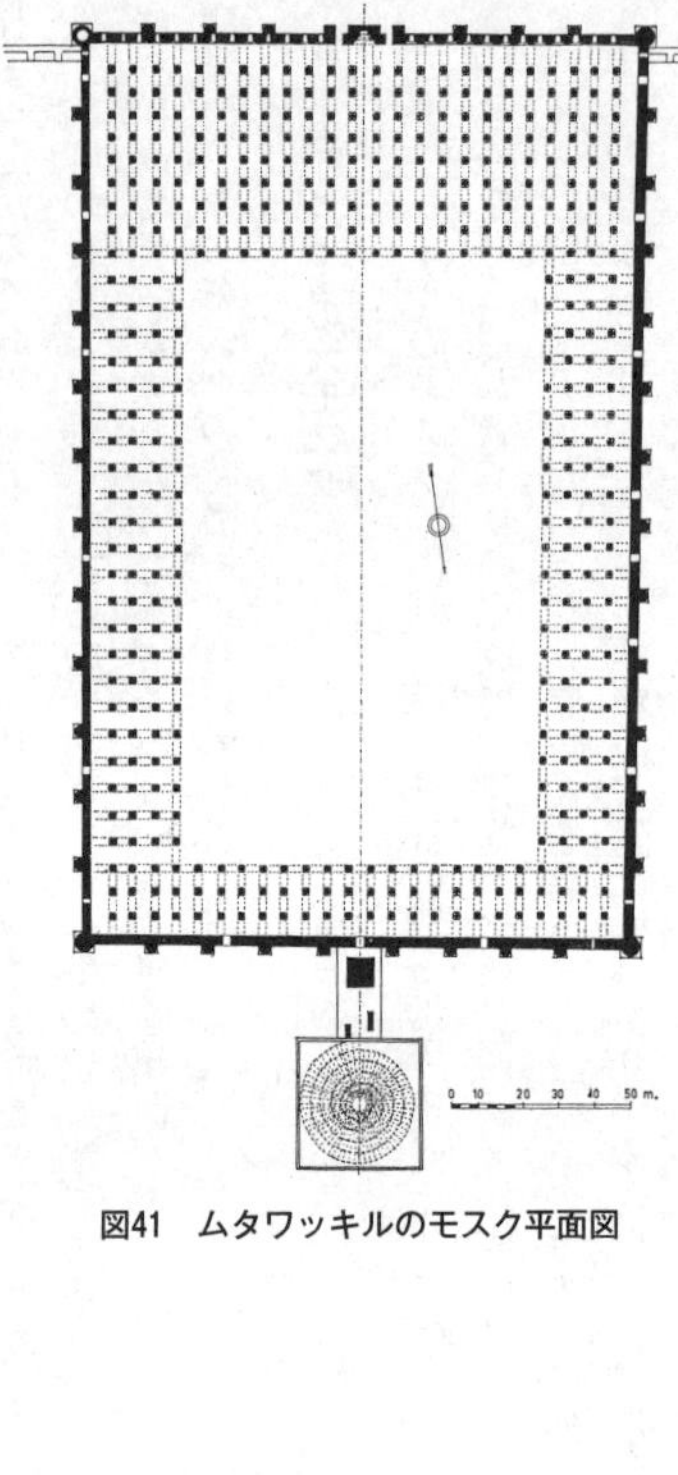

図41　ムタワッキルのモスク平面図

内部は、完全に崩れ落ちているが、発掘調査によれば、東西の回廊は四列、北の回廊は三列の列柱を持ち、ミフラーブのある南の主礼拝空間は、さらに深く九列の列柱を有した。建築材は主として焼き煉瓦で、内部の表面は、ダマスクスのウマイヤ・モスクに匹敵するような豪華なモザイクで覆われていたらしい。この建物をさらにもう一つの外壁が取り囲み、その大きさは、四四四×三七六メートルに及ぶ。この外壁と建物本体の壁の間の外庭にあたる部分をジヤーダと呼ぶ。ジヤーダにももう一つの壁の跡が認められ、その長さは、三五〇×二六六メートルであるという。モスクがなぜ二重の壁によって囲まれているのかははっきりと分かってはいない。ただ、モスク本体の壁の外側にはさしたる装飾はなかったようで、一六あった出入口も簡素なものだったようだ。この点は、ウマイヤ・モスクの特徴と共通している。

図を見れば、一目瞭然だが、このモスクも明らかに当時一般的だった古典型モスクの特徴を備えている。中庭を列柱式の回廊が取り囲み、キブラ側の礼拝空間の奥行きがかなり深くなっているからである。ただしウマイヤ・モスクとは異なり、このモスクのミフラーブ上部にはドームはなかった。

図42　ムタワッキルのモスクの螺旋階段を持ったミナレット

このモスクのメッカの方向とは反対側の壁の外側には、螺旋階段を持った約五〇メートルの高さのミナレットがあり、螺旋という意味の「マルウィーヤ」と呼ばれている（図42）。螺旋の部分がミナレットの登り口となっており、カリフのムタワッキルは、ロバの背に乗ってよく上まで登ったという。

建築史学者の間では、このミナレットは、古代バビロニアのジクラート（バベルの塔）をモデルにしたとする意見が有力で、もしそうだとすれば、イスラム以前からのこの地方の伝統的な建築様式と技法がイスラム建築に取り入れられた好例と言えよう。

アブー＝ドゥラフのモスク

アブー＝ドゥラフのモスク（図43）は、カリフ・ムタワッキルによってサーマッラーの北に新しく作られたジャーファリーヤ地区の大モスクである。広大なカリフの宮殿を中心とするこの新地区は、ヒジュラ暦二四五年、西暦八五九〜八六〇年に建設が開始され、八六一年三月に完成した。ムタワッキルは新しい宮殿に落ち着くと、「いまや、余はまさに王である。余自身が町を作り、そこに住んでいるのだから」と満足そうに語ったという。しかし、彼の栄華は短かった。同じ年の十二月には、この「真の王」は暗殺され、新しい地区は放棄されたからである。八六一年までに完成していたであろうアブー＝ドゥラフのモスクもわずかの期間使用されただけで永遠に放棄されてしまった。モスクにとっては、不幸なことだったが、後世の歴史家にとっては、これは願ってもない出来事だった。後から余分な改修や増築の手が加わることなく、モスクはその完成時の姿のままで残されたからである。ただ、このように貴重な遺跡であるにもかかわらず、残念ながらその全容が明らかになっているわけではない。前述のドイツ隊による調査報告は完全ではなく、一九四〇年代に行なわれたイラク考古局による再調査も十分なものとは言えないからである。

さて、このモスクの建物本体の外壁は東西一三五メートル、南北二一三メートル、中庭は一〇四×一五六メートルの規模である。その外側に三五〇×三六二メートルの外壁がある。上で述べたムタワッキルのモスクよりやや小さいが、それでも、世界二位の大きさを誇る。キブラ壁のすぐ前の一列だけを除いて、すべての柱列は、南北方向、すなわちキブラ壁に直角に並んでいる。ミフラーブの正面の柱列の幅は、他の柱列の幅よりやや広く、

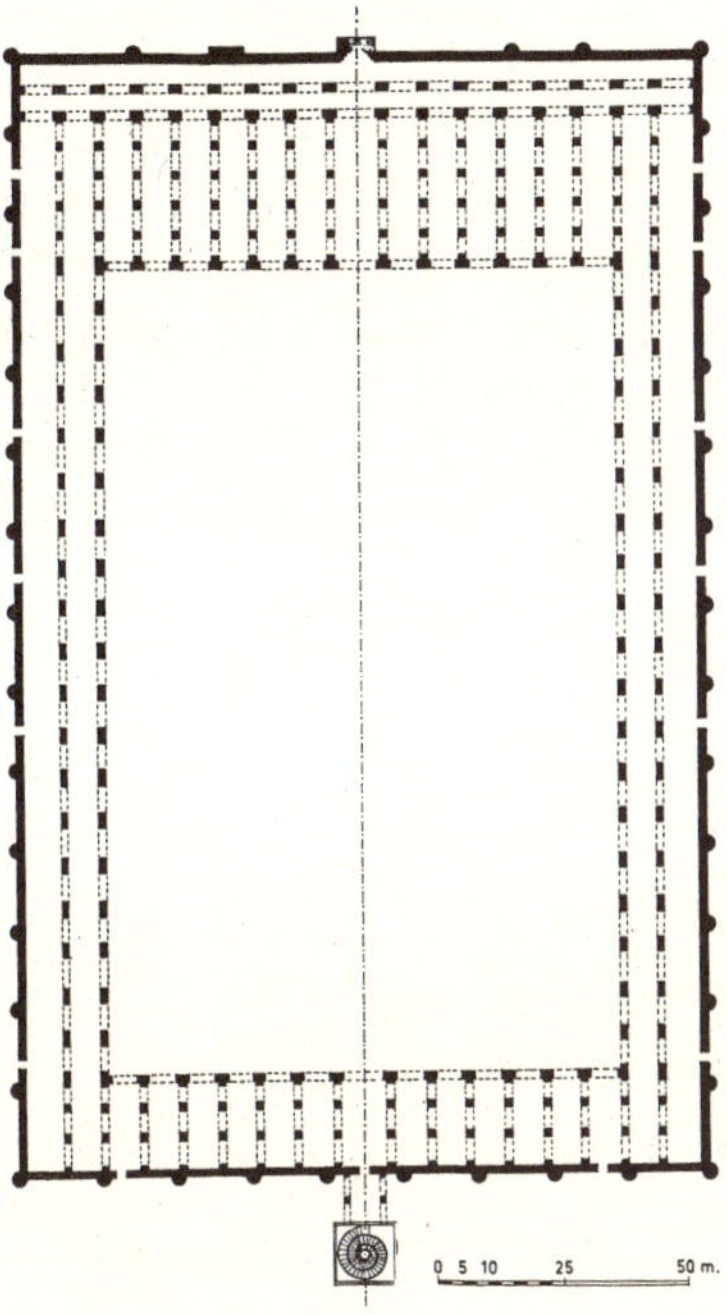

図43　アブー＝ドゥラフのモスク平面図

キブラ壁前の横向きの柱列と組み合わさって上から見るとローマ字のTという字に似た形になっている。柱は焼き煉瓦でできており、屋根は平屋根でおよそ八メートルの高さだった。外壁の厚さは、一・六メートル、ムタワッキルのモスクと同様、半円形の塔状の張り出しによって補強されていた。キブラと反対側の北側の壁の外には、ムタワッキルのモスクのものとよく似た螺旋状のミナレットが置かれていた。このように、アブー＝ドゥラフのモスクは、基本的なプランではムタワッキルのモスクと変わらず、いわゆる古典型のモスクだったと言える。

サーマッラーの場合は、バグダードほどに幾何学的な都市プランを持っていないため、何を中心として都市が計画されたのかはそれほど明確ではない。モスクの巨大さを考えれば、モスクを中心として町作りが行なわれたとも考えられる。しかし、この本では触れることができないが、カリフの宮殿の豪華さは、モスクに勝るとも劣らないものである。また、貴族の邸宅などに使われた漆喰細工の装飾は、サーマッラー・スタイルとして一世を風靡するほどに質の高いものだった。都市全体が、円熟期を迎えたアッバース朝カリフ政権の都にふさわしい風格を備えていたのである。二つの大モスクは、カリフの権威を象徴する都市サーマッラーの壮麗さを演出するために欠かせない重要な要素だった。

6 イブン゠トゥールーンのモスク

モスク建設の理由

エジプトの首都カイロの観光名所の一つであるサラディンの城塞から少し南西に歩いた庶民的な地区に、そのあたりの風情にはおよそ似つかわしくない大きく荘重なモスクがある。これがイブン゠トゥールーンのモスクである。イブン゠トゥールーンとは、九世紀後半にアッバース朝カリフによってエジプト総督に任じられた人物の名である。その父は、トルコ人奴隷で、アッバース朝カリフの近衛軍長官だった。このため、イブン゠トゥールーンは、若き日を当時のアッバース朝の都、サーマッラーで過ごしている。八六八年に、トルコ人傭兵部隊を率いてエジプト入りし、その地の豊かさを自分の目で確かめたこの野心家は、単なるカリフの総督の地位には満足できなかった。彼は、エジプトの富を自らの裁量の下に置き、一種の独立政権を樹立しようとしたのである。このため、彼はアッバース朝のカリフに定期的に貢納を送りながらも、八七九年には、自らの名を刻した貨幣を発行し、自立の姿勢を示した。

当時のエジプトの中心は、アラブの征服時に生まれた軍営都市フスタートだったが、彼はその北に自らの好みにあったカターイーという名の新しい町を築いた。宮殿や馬場、モスクなど一連の施設が建設された結果、この町は、イブン＝トゥールーン政権の行政の中心となった。のちにイブン＝トゥールーンのモスクと呼ばれることになる大モスクは、建設に三年の歳月をかけて八七九年に完成した。

キンディーという十世紀のアラブ人史家によれば、このモスクの建設理由は次のようなものである。すなわち、イブン＝トゥールーンが連れてきた多数のトルコ兵のために、金曜礼拝の時にフスタートの金曜モスクには人があふれ、入りきれなくなることがしばしばだった。市民がこのことで苦情を申し立てたため、イブン＝トゥールーンは新しい大きなモスクを建てることを決意したという。

確かにそのような事情もあったのだろう。しかし、新しい政権がその中枢都市としてカターイーを建設したとすれば、そこにモスクが必要だったことは、クーファやバスラ、バグダードやサーマッラーなどそれまでのイスラム世界の歴史に見られる建設都市の例を思い起こしてみれば明白だろう。アッバース朝カリフからの政治的独立をも考慮していたイブン＝トゥールーン政権にとって、大規模なモスクの建設はその威信を示す絶好の機会だったのである。

イブン＝トゥールーンがわざわざフスタートの郊外に新しい町を作った理由について、フランスのゴルヴァンという研究者は、興味深い意見を述べている。バグダードでカリフの親衛隊のトルコ系軍人が、市民と様々な摩擦を起こしたために、カリフがサーマッラーへの遷都を考えたように、フスタートの市民が新参のトルコ系軍人と必ずしもうまく行かないのを見たイブン＝トゥールーンが、市民と軍人を分離するために新しい町の建設に踏み切ったというものである。面白い意見だが、新しく成立した政権が、既存の町の外に自らの好みにあった拠点を新しく建設するという現象は、イスラム世界の歴史の中で繰り返し見られる。エジプトだけに限ってみても、十世紀のファーティマ朝によるカイロ建設、十二世紀のサラディンによるカイロの城塞建設はその好例である。新しい町の建設は、新政権の若々しさや力強さ、それに政治の変化をアピールする絶好の機会だった。特にバグダードとの比較を持ち出さなくとも、カターイーの建設をこのような一連の都市建設の流れの一環として捉える方が無理がないように思える。

モスクの特徴

イブン＝トゥールーンのモスクは、モスク本体が一二三×一四〇メートル、中庭は九二メートル四方の広さを持つ。中庭を列柱アーチ式の回廊が取り巻き、主礼拝室の柱の列の数は他の三辺より多い。メディナの預言者のモスク以来の「古典型」を踏襲するモスクである（図45）。

建物の外側には一六二メートル四方の外壁がある。外壁からジヤーダと呼ばれる壁と建

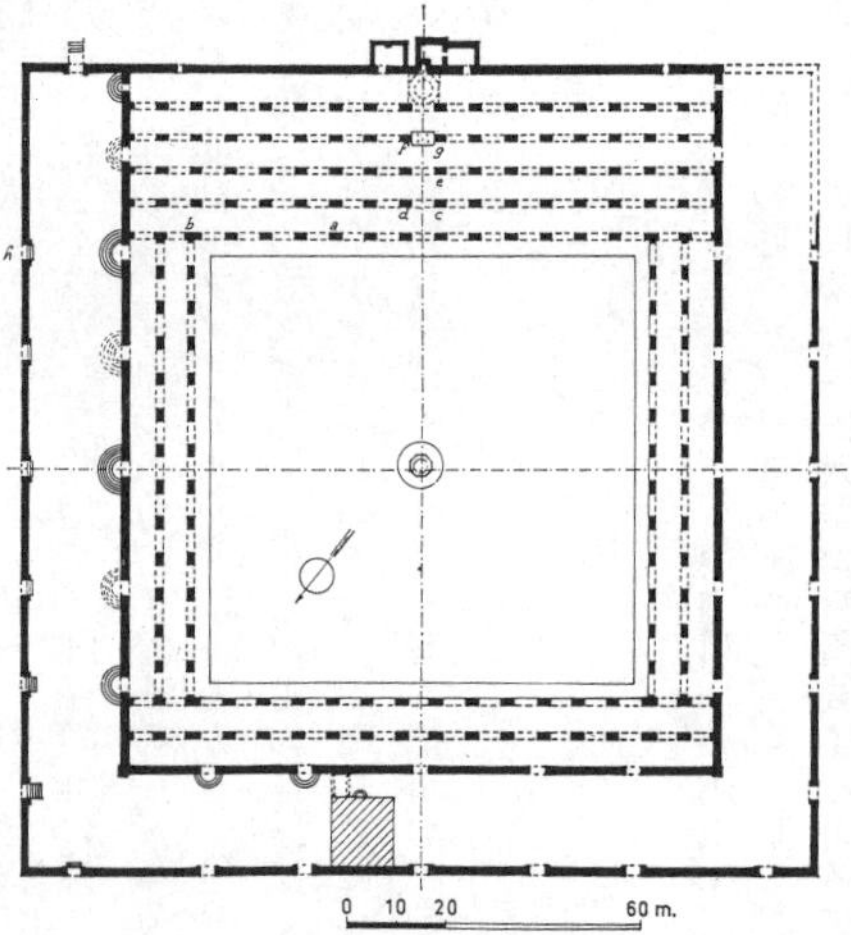

図44，45　イブン＝トゥールーンのモスクのジヤーダ（▲）と平面図（▼）

物との間の空間（図44）に入るのに、二一の門があった。いずれの門も単なる入口に過ぎず、特に目立った装飾はなされていなかった。現在とは違って、モスクは賑やかなスーク（市場）に囲まれていたようで、外壁の門には、菓子屋門、シロップ売りの門などという名称が付けられていた。ジヤーダから建物の内部に入るには、東と西に七つ、北に六つの入口があり、キブラ壁から直接主礼拝室に入るための小さな入口も二つあった。創建当時は、この小さな入口はキブラ壁の南に接していたイブン＝トゥールーンの館から直接モスクに入るために使われていた。ここにも、クーファ以来のモスクと総督の館の伝統的な位置関係が見いだせる。

南側の主礼拝室はキブラの壁に並行して五列の柱列を持つ。柱は二・四六×一・二七メートルの角柱で、柱と柱の間隔は、四・四メートル。それぞれが尖頭型の二心アーチで結ばれている。各角柱の四つの角には円柱状の装飾が見られ、上部は精巧な浮き彫りによって美しく装飾されていた。中庭（図46）には手足を清めるための泉水が置かれた（今日に残るのは、マムルーク朝期に再建されたものである）。

建物の大部分は、焼き煉瓦を用いて建てられた。また、屋根を支える柱は円柱に代わって、角柱が用いられている。それまでのエジプトでは、ピラミッドや古代神殿に見られるように石材や円柱を用いた建築が一般的だったため、煉瓦や角柱が使用された理由をめぐって、史料にはいくつかの推測記事が見られる。大理石の円柱は火に弱いからとか、三〇

図46，47　イブン＝トゥールーン・モスクの中庭と泉水（▲）。主礼拝室から二心アーチごしに見たミナレット（▼）

○本にものぼる円柱を揃えるにはキリスト教修道院のものを転用せざるをえず、イブン＝トゥールーンが思案していたところ、キリスト教徒の建築家が角柱による代案を示しこれが採用されたためとかである。

しかし、最大の理由は、これ以外の建築要素も含めて、イブン＝トゥールーンのモスクがサーマッラーのモスク建築の非常に強い影響を受け、これとほぼ同じ素材、様式によって設計、建設されたというところにある。図45から明らかなように、このモスクはその本体の外側に一辺が一六二メートルの正方形の外壁を持っている。南側のキブラ壁が外壁と一体化しているとはいえ、この外壁とその内側のジヤーダと呼ばれる空間は、サーマッラーの大モスクに見られたものだった。また、モスク北側のジヤーダにあるミナレットも、今日残るものは後世の改築を経ているとはいえ、なおサーマッラーのもの（図42）に類似しているのがすぐさま見て取れよう（図47）。明り取りの窓やアーチの上部などモスクの各所に見られる装飾にもサーマッラー様式の影響がはっきりと現われている。

政治史と文化史の関係

このように、アッバース朝カリフからの政治的独立を目指したイブン＝トゥールーンの意図とは裏腹に、彼が建設したモスクはアッバース朝の都の文化的影響を強く受けていた。建築史家の間では、これを、若き日をサーマッラーで過ごしたイブン＝トゥールーン自身の趣味の反映と見るむきが多い。このモスクの建築家は、史料では「キリスト教徒」と記され、エジプトのキリスト教徒を指す「コプト教徒」の語が使われていないため、これはイラクからやってきたキリスト教徒による作品だとも言われる。どちらももっともな意見である。しかし、いずれにせよ大事なことは、九世紀後半のエジプトでは、依然としてイラクやさらに遡ればシリアに由来する建築技術や建築形式が記念碑的な建築に用いられていたという事実である。興味深いことに、同じ頃イラン東部のダームガーンやバルフに建てられたモスクにも、サーマッラー様式の影響が色濃く見られる。つまり、モスク建築に限って言えば、少なくともイランからエジプトまでのイスラム世界は一つであり、地域的な差異はさほど見られなかった。アッバース朝の都の文化は、イスラム世界の広い範囲に行き渡り大きな影響を与えていたのである。

他方、政治の世界では、九世紀後半は、イスラム世界の分裂の始まりの時期と捉えられるのが普通である。アッバース朝では、トルコ系の軍人の勢力が伸張し、カリフの政治的支配力にはかげりが見えはじめていた。それに呼応するように、領土の東方の中央アジアやイラン東部では、サッファール朝やサーマーン朝が自立する。また西方では、すでに八世紀に成立していたイベリア半島の後ウマイヤ朝は言うに及ばず、トゥールーン朝も自らの独自性を主張するようになるからである。ついで十世紀の前半になると、アッバース朝のカリフ権を認めないファーティマ朝や、バグダードを占領してカリフから政治的実権を

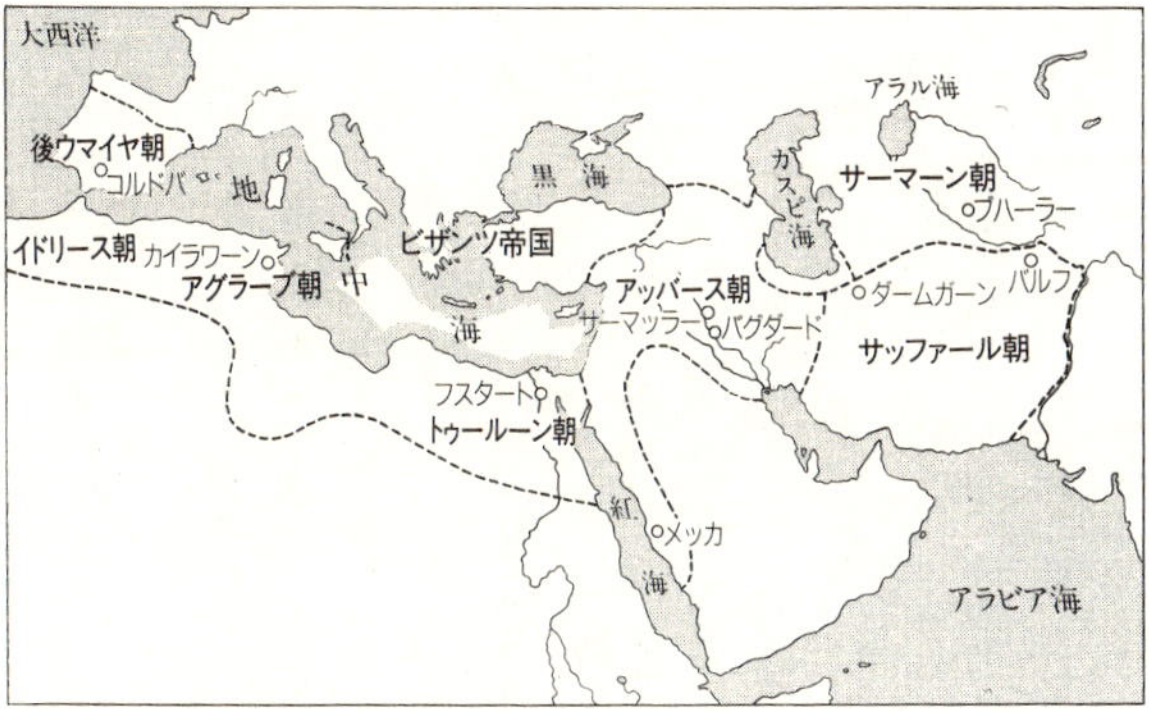

図48　9世紀後半のイスラム世界

奪ったブワイフ朝が登場し、カリフを政治・宗教上の唯一の指導者とするイスラム共同体ウンマの統一は最終的に破れ、以後イスラム世界は長い政治的分裂の時代を迎える。九世紀後半はその徴候が次第に色濃く現われて来る時期と説かれるのである（図48）。

政治的な分裂への傾向と、モスクの建築形式の統一性は一見矛盾しているように見える。しかし、この事実も、地方政権が自立はしたものの、まだモスクの建築形式に独自性を主張するまでには至っていなかった、と解釈すれば、説明できる。むしろ、この段階では、イブン＝トゥールーンのモスクのように芸術的価値の高い優れたモスクが、カリフの都から遠いエジプトのフスタートに建てられたという点に注目すべきだろう。そこにイスラム世界の分裂への傾向を見て取ることも可能だからである。

7 西方イスラム世界（北アフリカ・アンダルス）のモスク

七世紀から八世紀の初めにかけてのいわゆる「大征服の時代」に、エジプトを越えてさらに西に進んだアラブ軍は、六六三〜六六四年、イフリーキーヤ（現在のチュニジア）に入り、カイラワーンに軍事キャンプ（ミスル）を設けた。その後、彼らは北アフリカの沿岸をさらに西へ進軍し、大西洋岸にまで達すると、今度はジブラルタル海峡を北へ渡り、八世紀の初めにはイベリア半島の大部分をもその支配下に置いた。正に破竹の進撃であった。

今日の政治・宗教区分では、北アフリカとイベリア半島南部（アラビア語でアンダルス地方）は、ジブラルタル海峡を間に挟んで、ヨーロッパ・キリスト教世界に属するスペイン・ポルトガルと西アジアから続くイスラム教世界の一部である北アフリカ三国（モロッコ、アルジェリア、チュニジア）に分かれる。しかし、八世紀初めから、イベリア半島でキリスト教徒によるレコンキスタが完成する十五世紀末頃までは、この二つの地方は共通の文化的背景のもとにあり、政治的にもしばしば一つの地域を形成していた。この二つの地方をあわせて一つの地域と考えた方が、様々な歴史事象を容易に理解できることも多い。同じアラブ世界には属するが、かなり早い時期からエジプトやシリアとは政治的にも文化的にも異なった道を歩んだと言える。ここでは、八～十五世紀の北アフリカとアンダルス地方をあわせて、仮に「西方イスラム世界」と呼ぶことにしたい。

実際、この二つの地方を旅してみると、気候、風土、植生があまりにも似ているのに驚かされる。スペインの観光名物である「白い村」（カサブランカ）は、北アフリカでも広く見られるし、十二月には、どちらの地方でも街路樹のオレンジがたわわに実をつけ、抜けるような青空に映えている。アフリカというとすぐに砂漠と結び付けられるが、北アフリカの地中海沿岸は土地も豊かで、アンダルスと同様に農業が盛んである。

この本の主題であるモスクに限っても、この二つの地方に建設されたものには、共通の特徴が多く見られる。それは、この西方イスラム世界の政治的独立性と密接に関わっているように見える。ここでは、この地方の代表的なモスクとして、カイラワーン（チュニジア）の大モスク、コルドバ（スペイン）の大モスクを取り上げ、この地域のモスクの特徴について考えてみることにしよう。

カイラワーンの大モスク

イラクのバスラやクーファ、エジプトのフスタートの場合と同様に、軍事キャンプとしてカイラワーンが建設されると、そこには総督の館やモスクなどの必要な建物が建てられた。しかし、これらの建物は、他の軍事キャンプの場合と同じく簡素なものであったようだ。およそ一〇〇年後、古くなったモスクは、一旦取り壊され、新しいモスクに建て替えられるが、このモスクも、八三六年に一部を除いて取り壊され、さらに新しいモスクが建てられた。その後も、何度か補修、改修工事が行なわれるが、モスクの基本的な形や大きさは変わらなかった。従って、現在に残るモスクは、この九世紀のモスクを原型としている（図49、50）。

モスクは、上空から見るとややいびつな不等辺四角形である。メッカの方向にあたる南東の外壁面が七八メートル、反対の北西壁面が七二・七メートル、北東面が一二七・六メートル、南西面が一二五・二メートルの長さを持つ。中庭をアーチ式回廊が取り巻き、主礼拝室の奥行きが深い（約三七メートル）という点で、いわゆる古典型のスタイルのモスクであると言える。ただし、八三六年に新しく建て直された時には、主礼拝室以外には、柱列はなかった。他の三方にも柱列が付け加えられたのは、九世紀半ばすぎのことである。同じ世紀に建造されるサーマッラーの二つのモスクやイブン＝トゥールーンのモスクとは異なり、モスクの建物の外側を取り囲むような外壁はない。

このモスクの第一の特徴は、ミフラーブを強調するために採用されたT字プランと呼ばれる主礼拝室の柱列の並び方である。キブラ壁に最も近い柱列の作る一番奥のアーケードがキブラ壁と平行に並び、キブラ壁との間にやや広い空間を作り出す。これがTという文字の第一画の横線になる。第二画の縦線は、ミフラーブの前の柱列の間の空間である。こ

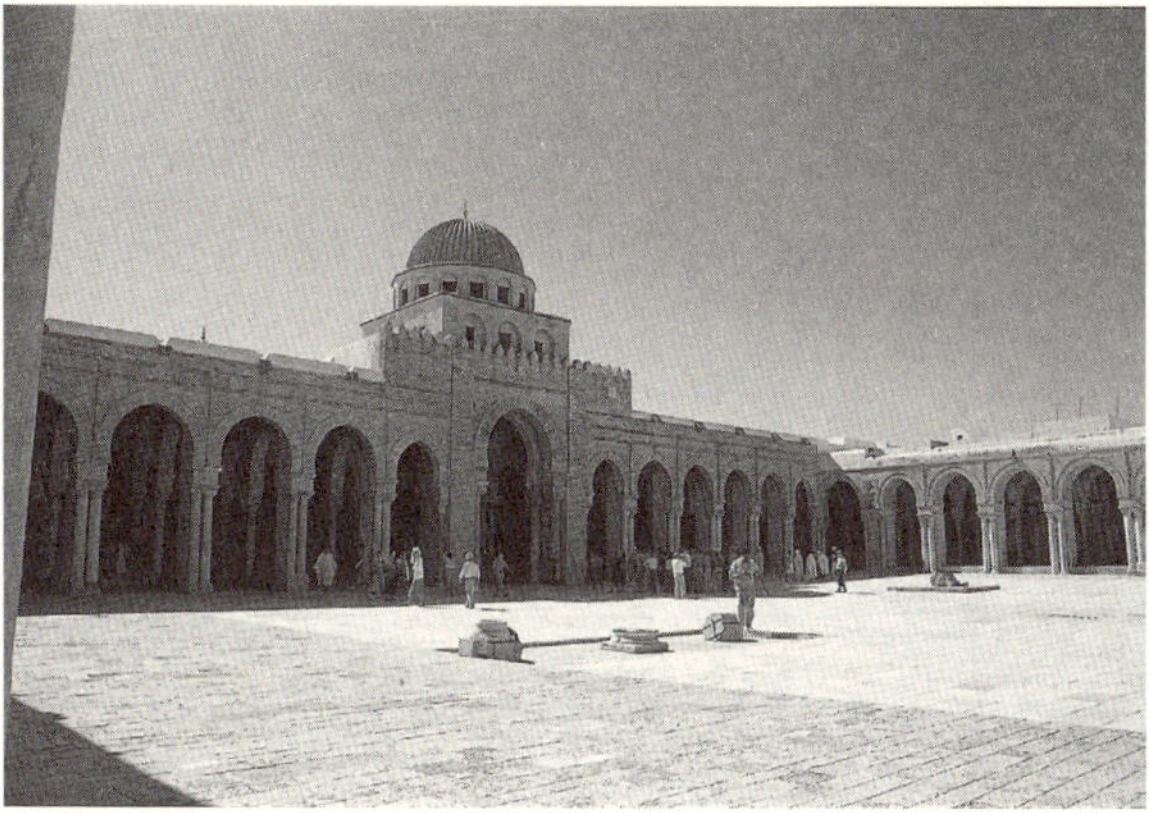

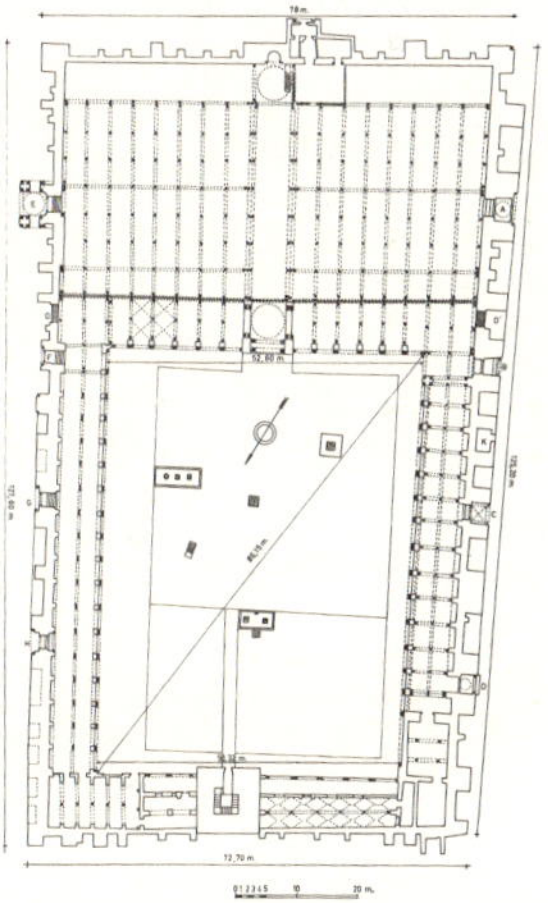

Fig. 60. — Plan de la Grande Mosquée de Kairouan.

図49, 50　カイラワーンの大モスク中庭と正面ファサード（▲）とその平面図（▼）

この柱列は二本ずつ対になって並び、その間隔も他の柱列の間より広く、ミフラーブに向かってはっきりした方向性を示している。この二つの幅広の空間が交わるミフラーブ前の天井と中庭からミフラーブへ向かう柱列の出発点には、それぞれ小ドームが設けられている（図50）。

このT字プランが採用された結果、ただ単に柱が規則的に並ぶだけだったそれまでの古典型モスクと比べると、主礼拝室内にははっきりとしたアクセントが生まれた。同様の効果は、一つだけやや大ぶりのアーチが加わった中庭に面する壁面についても見られる（図49）。また、元来はメッカの方向を示す窪みにすぎなかったミフラーブに一種の聖性が付与されることになり、この頃を境としてミフラーブとその周辺は以前にもまして美しく飾りたてられることになった。このカイラワーンの大モスクの場合にも、ミフラーブの窪んだ部分は、精巧な彫刻を施された二八枚の大理石パネルで覆われ、その周囲の壁は、見事なラスター彩のタイルで装飾されている（図51）。

もっとも、このような完璧なT字プランが、八三六年の建造とともに完成したのかどうか不明な点もある。ミフラーブ前の対になった二本柱のうちの内側の一列やミフラーブ前のドームは、九世紀半ばすぎの改造によって付け加えられたとも言われるからである。また、ミフラーブ前の二本柱の柱列が中庭とぶつかる部分の天井に設けられたドームは、他のマグリブのモスクをまねて、十九世紀になってから付け加えられたものである。

T字プランの起源については、それをキリスト教会に求めるもの、さらに古く古代シリアの神殿の影響とみるものなど諸説があり、まだはっきりと定まってはいない。しかし、カイラワーン以後、チュニスのザイトゥーナ・モスクをはじめ、北アフリカのモスクでは、T字プランがしばしば採用され、それが北アフリカのモスクの特徴の一つとなっていった。また、すでに述べたように、ほぼ同時期の建造となるサーマッラーのアブー＝ドゥラフのモスクでもT字プランらしきものが見られた。相互の影響関係ははっきりしない。確実なことは、以後T字プランが流行するのは、主として北アフリカにおいてであるということである。

図51　カイラワーンの大モスクのミフラーブ前。信徒ひとりひとりの枠に区切られた敷物の柄が面白い

このモスクのもう一つの特徴は、ミナレットである（図52）。カイラワーンのモスクのミナレットは、サーマッラーの大モスクやイブン＝トゥールーンのモスクのように、主礼拝室と反対側、すなわちメッカの方向とは反対側にある。ただし、他のモスクでは、回廊の外側のジヤーダ（外庭）に建っていた

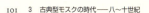

図52　カイラワーンの大モスクのミナレット

ミナレットが、このモスクでは回廊の中央に位置している。形は、アッバース朝のモスクののように螺旋形ではなく、四角形で三層構造をとっている。このミナレットの建造時期に関しても、八三六年のモスクの建造より前、建造と同時などと研究者の間では意見が分かれている。また、小さなドームを持つ第三層は、十三世紀のハフス朝時代のモスク大改修によって付け加えられたと言われている。いずれにせよ、このミナレットの様式が、同時期のイラクやエジプトのものや、前世紀のウマイヤ・モスクなどシリアのものとは大きく異なっていることは明らかである。この様式は、北アフリカ自身に起源を持つ独特のもので、その原型は古代ローマの灯台（図53）に求められると言われる。このミナレットと似た様式の灯台の像は、ローマ郊外にあるオスティア遺跡に残されたレリーフなどに見られる。また、この四角のミナレットの様式は、その後の北アフリカのモスクに特徴的なものとなる（図14参照）。

このように、九世紀建造のカイラワーンの大モスクは、基本的には古典型モスクの範疇に入るが、中庭の三方にアーチ式回廊がなかったうえ、T字プランや四角形のミナレットのようなこのモスクに特有の特徴をも備えていた。このうち、T字プランや四角形のミナレットは後に発展する北アフリカ様式を明らかに予見させる独特のものだった。

九世紀の後半といえば、エジプトでイブン＝トゥールーンが、政治的に独立の動きを見せながらも、モスク建築にはなおアッバース朝のサーマッラー様式を取り入れた時期である。当時のチュニジアは、アグラーブ朝（八〇〇～九〇九）というアッバース朝から認められた半独立地方王朝の支配下にあった。この王朝は一応アッバース朝の宗主権を認めており、金曜礼拝でもカリフの名が唱えられてはいたが、イラクから遠いこともあって、アッバース朝との関係は微妙だった。

カイラワーンの大モスクは、このようなアグラーブ朝の立場をそのまま体現していたと

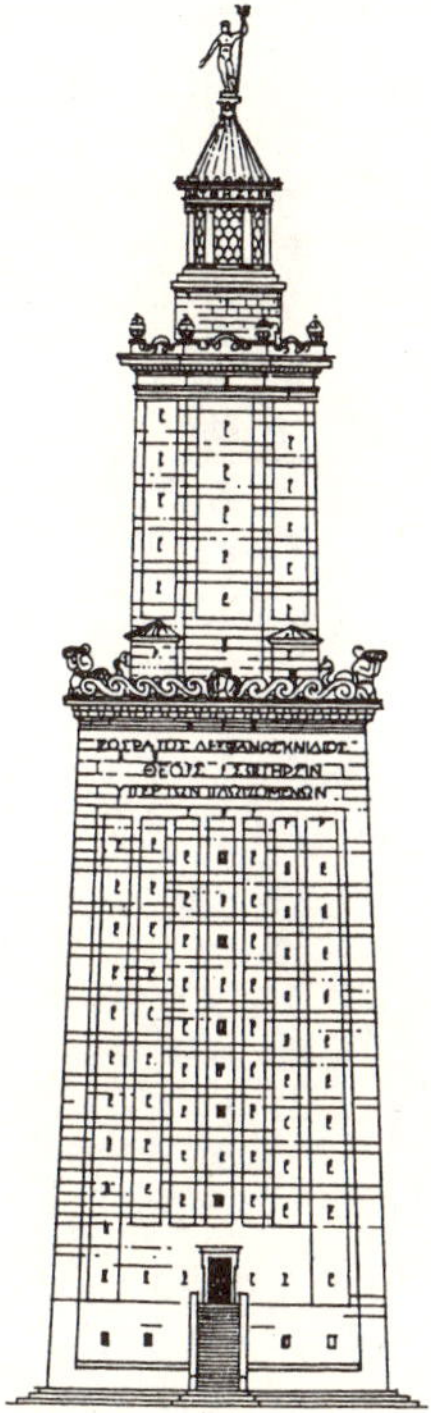

図53　アレクサンドリアの灯台（復元図）

言える。東方のアッバース朝世界と共通する古典様式を基本としながらも、T字プランや四角形ミナレットのような以後この地方で発展する独自の特徴をも備えていたからである。サーマッラー様式を大幅に取り入れたトゥールーン朝のモスクと独自性を求めたアグラーブ朝のモスクの相違は、エジプトとチュニジアのイラクからの距離の違いを表わしているかのようである。それでは、イラクからの距離がチュニジアよりはるかに遠いコルドバの大モスクには、独自性はどのような形で現われていたのだろうか。

コルドバの大モスク

イベリア半島の大部分は、七一一年にムスリムの支配下に入り、その後七五六年には、シリアから逃れてきたウマイヤ家の王子、アブド＝アル＝ラフマーンが、新生のアッバース朝カリフ政権から独立して建てた後ウマイヤ朝の支配に服することとなった。コルドバを都に定めたアブド＝アル＝ラフマーン（在位七五六～七八八）が、この町に大モスクの建設を命じたのは、七八五～七八六年、完成は一年の後のことだった。建材は石が用いられた。このモスクは、キブラ壁と直角に交わる一〇の柱列を持ち、それぞれの柱列は、一二本の柱からなっていた。柱列と柱列の間の通路は、全部で一一列、その幅は中心の一列だけが他の一〇列より広く、七・八五メートル、他は六・八五メートルだった。柱はすべて西ゴート時代やその前のローマ時代の建物から転用された。メッカの方向に向かって並ぶ柱は下が馬蹄形、上が半円形の二段アーチで結ばれた（図54）。このようなアーチ形式は、イスラム世界はもとより古代ローマ世界の建造物にも全く見られず、このモスクを建てた技術者の独創だと言われる。この独特の技法が、見渡す限りアーチが連なるコルドバのモスクに特有の印象的な光景を生み出すことになった。また、これらの柱が支える屋根は平面ではなく、切妻式で瓦が葺かれた（図24参照）。この初期のモスクにはミナレットはなく、主礼拝室以外の三方には回廊もなかった。

以後、大規模な増築が三度行なわれる（図55）。最初は、アブド＝アル＝ラフマーン二世（在位八二二〜八五二）の時代に、メッカの方向へ柱列が八本延びた。次いで、九六一年に始まる工事では、ハカム二世（在位九六一〜九七六）がさらに一二本の柱を各柱列に付け加え、その奥に二重の壁を作った。この時点で、モスクは、中庭の広さよりもはるかに広く奥深い礼拝室を持つことになった。中庭の周囲の回廊はこの時までには建造されていたらしい。ミフラーブやその周囲は、『コーラン』の字句や植物文様、幾何学模様のモザイク、浮き彫りなど、技巧の限りを尽くして装飾された。これらのモザイクは、後ウマイヤ朝の度重なる要請を受けて、ビザンツ帝国が派遣したギリシア系の職人たちによる作品だと言われる。

ミフラーブの前の天井とその左右の天井、それに増築後のミフラーブ前の柱列が始まる部分には、全部で四つの小ドームが設けられた。その表面にはドームの骨組みを装飾文様

図54　コルドバの大モスクの二段アーチ列柱

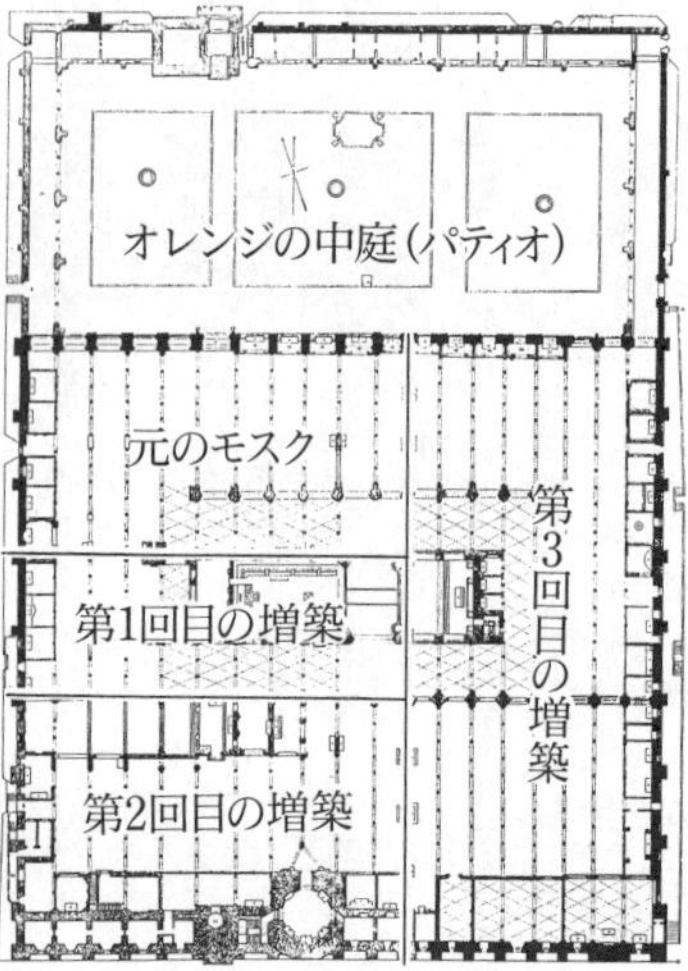

図55　コルドバの大モスクの発展図

図56　コルドバ・大モスクのドーム骨格とその装飾文様

化した独特の幾何学模様が見られ、全体が金銀のモザイク、それに精巧な浮き彫りなどで美しく飾られた（図56）。この骨組みが浮きだしたドームは、その後、北アフリカのモスク建築に多く取り入れられ、この地域のモスクの特徴の一つとなっていく。

最後の第三回目の増築工事は、ヒシャーム二世（在位九七六～一〇〇九、一〇一〇～一三）の宰相、マンスールによって、九八七年から行なわれた。この工事は、それまでのようにメッカの方向（キブラ）に向かってではなく、キブラ壁に向かって左側、すなわち、東側部分を建て増すためになされた。これによって、柱列がさらに七列、それ以前の壁の部分も含めると八列増え、これにともなって中庭も広げられた。この三度の工事の結果、モスクの大きさは、東西一二五メートル、南北一七八メートルとなり、サーマッラーの二つのモスクに次いで世界で三番目の面積を持つことになった。

ミナレットは、アブド＝アル＝ラフマーン一世を継いだヒシャーム一世（在位七八八～七九六）によって付け加えられたが、それは十世紀になると崩壊した。今日まで残るミナレットが建てられたのは、アブド＝アル＝ラフマーン三世（在位九一二～九六一）の時代である。このミナレットは、すでにモスクがキリスト教の聖堂に変わっていた十六世紀末に、嵐によって大きな損傷を受けた。このため、修復が行なわれ、上部にルネッサンス様式の部分が付け加えられた。セヴィリヤのヒラルダの塔の上部に同様の装飾を施した人物の息子が工事の指揮にあたったという。

このように後代の手が加わってはいるが、アーチ形の飾り窓を備えた四角形石積みの姿が、一見して北アフリカ様式のミナレットと共通の特徴を持っていることは明らかである。西方イスラム世界では、モスクにはミナレットは通常一本しかない。先に見たカイラワーンの大モスクのミナレット、フェスのカラーウィーン・モスクのミナレット（アブド＝アル＝ラフマーン三世の建造）、今日ヒラルダの塔と呼ばれるセヴィリヤの大モスクの旧ミナレット（図57）、それにモロッコのマラケシュにあるクトゥビーヤ・モスクのミナレット（図58）（ともに十二世紀のムワッヒド朝時代の建造）などは、皆このコルドバのミナレットと

図57, 58　セヴィリヤ大モスクの旧ミナレット（ヒラルダの塔）（右）**と**
マラケシュ（モロッコ）のクトゥビーヤ・モスクのミナレット（左）

よく似た様式で建てられている。

コルドバのモスクとシリア建築の影響

ところで、クレスウェルは、コルドバの大モスクの起源について論じ、キブラ壁に直角に走る主礼拝室の柱列、切妻形の屋根、馬蹄形のアーチ、中庭のまわりのアーケードなどにシリアの影響が色濃く見られることを強調している。創建者アブド＝アル＝ラフマーン一世がシリアのウマイヤ家の出身であったため、彼の周りにシリア人が多くいたことがその理由だとされる。もっともな意見ではあるが、だからといってこのモスクのことを、シリア建築の影響を強く受けて建てられたシリア型のモスク

図59　コルドバの大モスクのミフラーブ（スペイン）

と簡単に片付けてしまうわけにはいかない。「オレンジのパティオ」に実るオレンジの香り以外にも、このモスクからは西方イスラム世界的な香りが濃厚に感じられる。クレスウェルの挙げているシリア的な特徴こそが、実はコルドバのモスク以後の北アフリカ・アンダルスのモスクの特徴なのである。以下、それぞれについて検討してみよう。

キブラ壁に直角に走る柱列は、シリアでもエルサレムのアクサー・モスクにだけしか見られない特徴である。ウマイヤ・モスクの柱列がキブラ壁に平行であることは、すでに見た通りである。クレスウェルは、コルドバのモスク建設以前には、このような形の柱列は、アクサー・モスク（図60）にしかなかったからこれはシリアの影響だとするが、これはやや乱暴な議論ではないだろうか。それより、キブラ壁に直角に走る柱列は、これ以後の北アフリカ・アンダルスのモスクにほぼ共通の特徴となることに注目すべきである。

同様のことは、切妻形の屋根についても言える。アクサー・モスクをはじめシリアのモスクにも切妻形の屋根を持っているものはあるが、これらは瓦葺きではない。切妻の起源がどこにあるのかは別にして、切妻・瓦葺きの屋根がこれ以後のアンダルスやモロッコの宗教建築で多く用いられることを思い起こせば、コルドバのモスクの屋根はむしろ西方イスラム世界的な特徴だと考えられよう。

また、馬蹄形アーチは、西ゴート王国時代のイベリア半島でもよく用いられていた。そして、これまた、後ウマイヤ朝時代以後の西方イスラム世界で特に発達し、モスクや宗教施設のみならず、個人の住宅や都市の門などにも盛んに使用された。さらに、二段アーチが、コルドバのモスクに特有の様式であることは先に述べた。

中庭の周りの回廊は、確かにウマイヤ・モスクと似ている。当時一般的だった古典型のモスクに共通の特徴がコルドバにも伝わったと考えてよいだろう。ただし、最初期のモスクでは、主礼拝室を除けば、中庭の三方には回廊がなく、これはカイラワーンでも見たように、むしろ北アフリカ・アンダルス的な特徴だと考えられる。

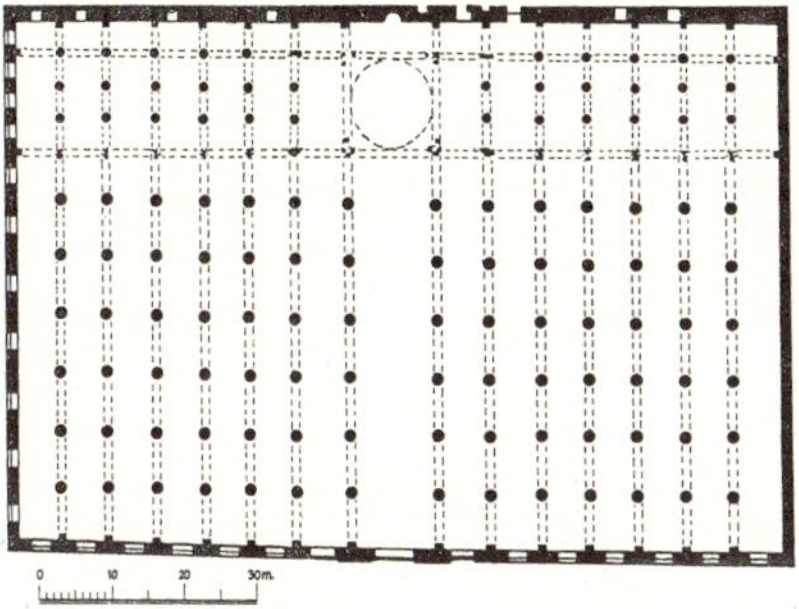

図60　アクサー・モスクの復元平面図

このように、コルドバの大モスクは単なるシリア型のモスクとは言えない。それよりは、西方イスラム世界に特有のモスクの祖型と考えた方が、よりふさわしい。もし種々の建築要素の起源がシリアにあったとしても、このモスクではそれらがうまく一体となり、全体としてシリアとは異なった西方イスラム世界的な雰囲気を醸し出すことに成功しているのである。

コルドバの大モスクは八世紀から十世紀にかけて増築が繰り返されたため、どの時代に属するモスクと考えるかは難しい。しかし、十世紀の後半になって完成したその最終的な姿には、はっきりと西方イスラム世界の独自な様式が見られる。そして、そのような独自性は、すでに八世紀の創建時からほの見えていたのである。

政治史的に見れば、このモスクを建設した後ウマイヤ朝は、アッバース朝や十世紀に登場するファーティマ朝に対抗して、イベリア半島や北アフリカ（特にモロッコ）で独自性を主張した王朝だとされる。王朝の独自性は、モスク建築にもはっきりと表われていたと言えよう。イブン＝トゥールーンの場合とは異なって、イベリア半島では、モスクの新しい建築様式の誕生が、政治の世界の動きにはっきりと対応していた。

以上二つのモスクについて検討した結果からも分かるように、北アフリカやアンダルスでは、すでに八世紀の後半から東方のアッバース朝世界とはひと味違ったモスク建築が現われはじめた。次章で述べるように、十世紀の後半から十一世紀になると、東方のエジプトやイランでもそれぞれの地方に特有のモスク建築が建てられるようになるが、西方イスラム世界は、これらの動きを先取りしていたのである。

その後の西方イスラム世界のモスク

最後に、その後の北アフリカ・アンダルスにおけるモスク建築について簡単に触れておこう。キリスト教徒によるレコンキスタの進展にともなって、イベリア半島におけるモスクの建築活動は、次第に下火になって行く。十二世紀後半のセヴィリヤにおける大モスクの建設が、去り行くイスラムの時代を送る最後の華となった。このモスクは、十五世紀にミナレットと中庭の一部を残して取り壊され、大聖堂に建て替えられたため、今日その姿を見ることはできないが、メッカの方向（キブラ）の壁に直角の一六列の柱列を持つなど基本構造はコルドバの大モスクと変わらなかった。

一方、モロッコを中心とする北アフリカでは、十世紀以後十四世紀初め頃まで、いくつかの王朝のもとで大モスクの建設や増築が相次いだ。ムラービト朝時代（十一～十二世紀）には、トレムセン、アルジェで大モスクが建設され、フェスのカラーウィーン・モスクが増築された。ムワッヒド朝時代（十二～十三世紀）には、マラケシュのクトゥビーヤ・モスクやラバトのハサン・モスクの建築が手掛けられた。後者は未完に終わったが、完成していれば、サーマッラーの大モスクに次いで、世界で第二位の大きさになっていたという。さらに、マリーン朝時代（十三〜十五世紀）には、トレムセンのマンスーラ・モスク、フェスの新地区の大モスクなどが建てられた。

これらのモスクに共通した特徴としては、カラーウィーン・モスクを除いてキブラ壁に直角の柱列を持ち、そのうちの壁際の二、三列がそのままキブラとは反対側の壁にまで達していること、このため主礼拝室の奥行きや幅に比べて中庭が狭くなることが挙げられる。また、マリーン朝期には、タイルによる装飾技術が発達し、今日のカラーウィーン・モスクに見られるように、モスクの中庭や壁の表面がタイルによる美しいモザイクで飾られるようになった。

カイラワーンやコルドバの大モスクを、西方イスラム世界におけるモスク建築の第一段階とするならば、中央や東方イスラム世界とははっきりと異なった独自のスタイルや装飾を持つカラーウィーン・モスクは、典型的な第二段階のモスクだと言えよう（図61、62）。

その後、チュニジアでは十三世紀、モロッコでは十四世紀になって、イラン起源のマドラサ（北アフリカではメデルサと呼ばれる）が東方から導入されると、政治権力者はこの新しい宗教建築の建設に熱中し、パトロンを失ったモスクの建築運動はにわかに精彩を失って行った。マドラサ建築の流行とこれとは対照的なモスク建築の衰退は、北アフリカだけではなく、十二世紀以降のシリア・エジプトなど中央イスラム世界でも見られた現象である。シリア・エジプトの場合、これをどのように解釈すべきかは、次の章で詳しく述べる

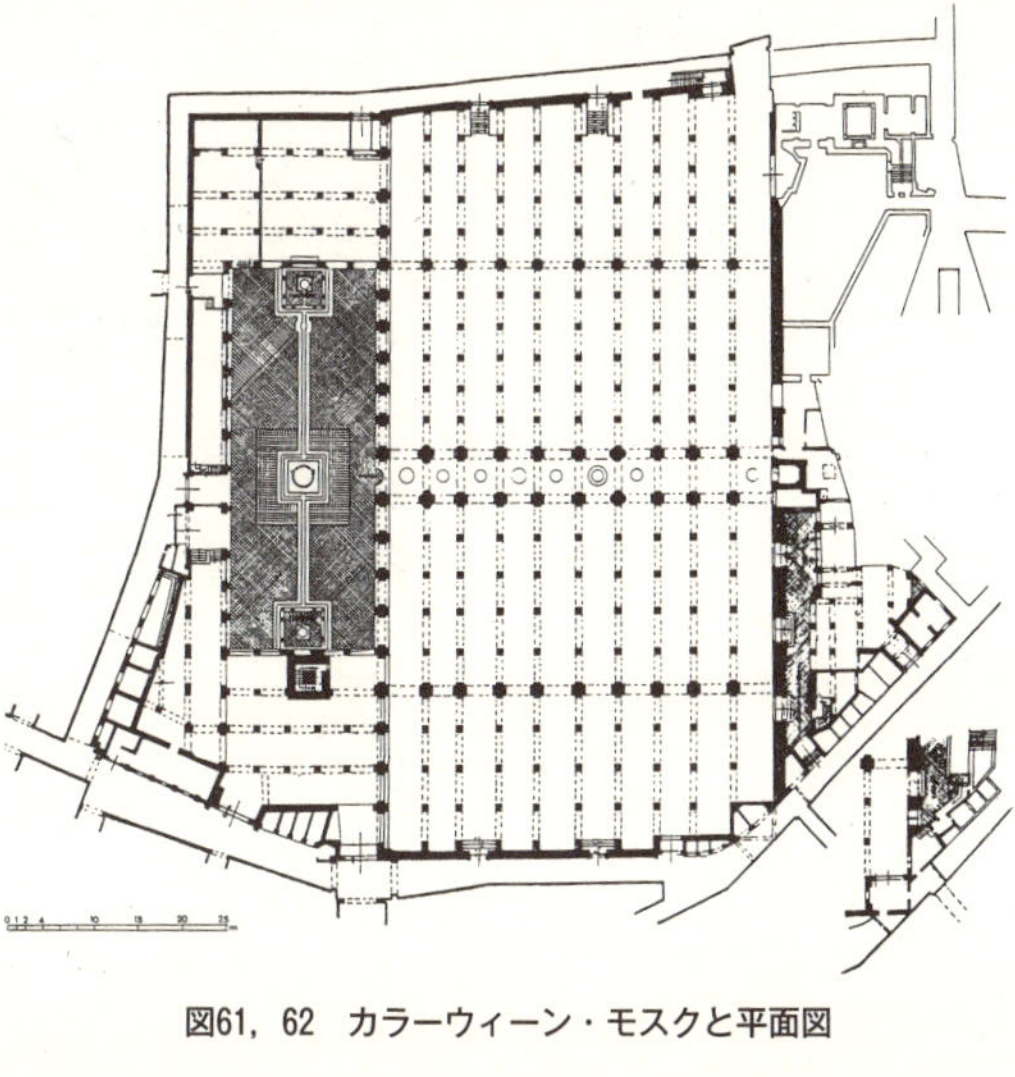

図61，62　カラーウィーン・モスクと平面図

ことにするが、同じ解釈が北アフリカについても成り立つのかどうか、私にはまだ確信がない。確かなことは、西方イスラム世界のモスク建築が、その後さらなる発展の機会を見いだせぬまま、近代を迎えたということである。

4　多様性の時代――十一〜十四世紀

1　ファーティマ朝のモスク

西暦十世紀の初めに現在のチュニジアで成立したファーティマ朝は、九六九年にエジプトを征服し、新都カイロの建設に着手する。この新しい町は、従来のエジプトの中心地であるフスタートの北東に位置し、やや南北に長い方形の城壁によって囲まれていた。城内の中心、南北に走るメイン・ストリートに面して、カリフを名乗るファーティマ朝君主の宮殿が置かれた。そして、この宮殿の南東、少し離れたところに有名なアズハル・モスクが建てられ、新しい都の金曜モスクとなった。その建設は、九七〇年に始まり、九七二年に完成を見た。このモスクで初めての金曜日の説教が行なわれたのは、イスラム暦（ヒジュラ暦）三六一年ラマダン月七日（九七二年六月二十二日）のことだったという。

また、十世紀の終わりには、ファーティマ朝第五代のカリフ、アジーズ（在位九七五〜九九六）によって、カイロの北門にあたるフトゥーフ門のすぐそばに二つ目の大モスクの

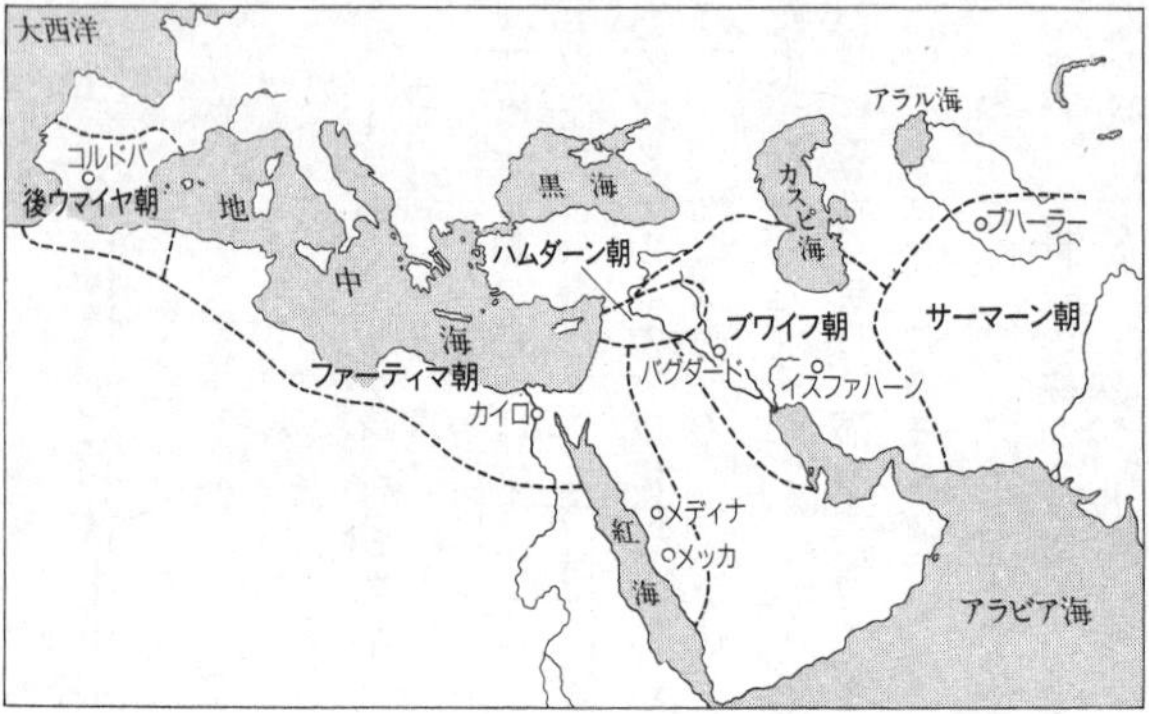

図63　10世紀後半のイスラム世界

建設が命じられた。このモスクはアジーズの息子で第六代カリフのハーキム（在位九九六〜一〇二一）の時代に完成し、ハーキム・モスクと呼ばれることになる。ファーティマ朝時代には他にもいくつかのモスクが建設されたが、壮麗さ、規模の大きさという点では、この二つが図抜けている。

ファーティマ朝は、その君主がイスラム世界の正統な指導者であることを主張し、バグダードのアッバース朝カリフを認めずこれと激しく対立したシーア派の王朝だった。その教義を伝え、信者を増やすために、ダーイーと呼ばれる宣教師がイスラム世界の各地に派遣されたことはよく知られている。アズハル・モスクは、建設後まもなくファーティマ朝の奉じるイスマーイール派（シーア派の一派）の教義研究、教育の中心地となった。このアズハルをはじめとするモスクでは、金曜礼拝の時に、アッバース朝ではなくファーティマ朝のカリフの名で説教が行なわれたのである。

王朝としてのファーティマ朝が、このように反アッバース朝、反スンナ派的な色彩を持っていたことは事実だが、そのことはこの王朝が建設したモスクにどのように反映しているのだろうか。機能の点でファーティマ朝のモスクが反アッバース朝、反スンナ派的であったことははっきりしている。上で述べたように、シーア派の教育が行なわれ、シーア派のカリフの名で説教が行なわれていたからである。ここで問題にするのは、イスラム史上で初めての本格的なシーア派政権であるファーティマ朝の反アッバース朝、反スンナ派的な色彩が、モスクそのものの形にどのように表われていたかである。上で挙げたアズハルとハーキムの両モスクを例として取り上げ、イラクのアッバース朝のモスクや前代のイブン＝トゥールーンのモスクと比較する形でこの問題を考えてみることにしよう。

アズハル・モスク（図64、65）

残念ながら、今日のアズハル・モスクに、創建当初の面影を見いだすことは難しい。歴代の王朝、国家が、この重要なモスクの拡張、修復、改修を繰り返してきたからである。主礼拝室の数列の柱とその左右の壁の一部だけが、創建時のものであるという。中庭に面した柱廊やその装飾は、十九世紀末の作品である。従って、現在のモスクやその装飾をも

図64，65　現在のアズハル・モスク

とにした議論は、あまり有効とは言えず、元来のモスクの形が復元されねばならない。文献の精査と実地調査によってその困難な作業を行なったのが、クレスウェルである（図66）。

彼によると、元来のこのモスクの建物の大きさは、八五×六九メートル、中庭は五八・五×四八・五メートルの広さを持つ。中庭をアーチ式回廊が取り囲み、ミフラーブのある主礼拝室の奥行きが深い古典型のモスクである。建物本体は煉瓦作り、天井には木材が使われた。建物内部の壁は漆喰で固められ、その表面にはアラビア文字や植物文様の装飾が施された。また、建物は周囲を外庭（ジヤーダ）で囲まれていたと推定される。これらの点では、このモスクは、基本的に、一〇〇年前のイブン＝トゥールーンのモスクやサーマッラーのモスクと同様の特徴を持っている。しかし、一、主礼拝室と中庭をはさんで向かい合った反対側には回廊がないこと、二、主礼拝室の柱列がキブラ壁に平行であるのに対して、ミフラーブの前面だけは、ミフラーブに向かって柱が並び、キブラの方向が強調されていること、三、ミフラーブの上とキブラ壁の両端の上の計三点に小さなドームがあることは、このモスク独自の特徴である。

イブン＝トゥールーンのモスクには見られないこのような特徴の起源はどこにあるのだろうか。ファーティマ朝は、エジプトのはるか西、北アフリカのチュニジアに興った王朝である。とすれば、その北アフリカ的な特徴をファーティマ朝がそのままエジプトに持ち

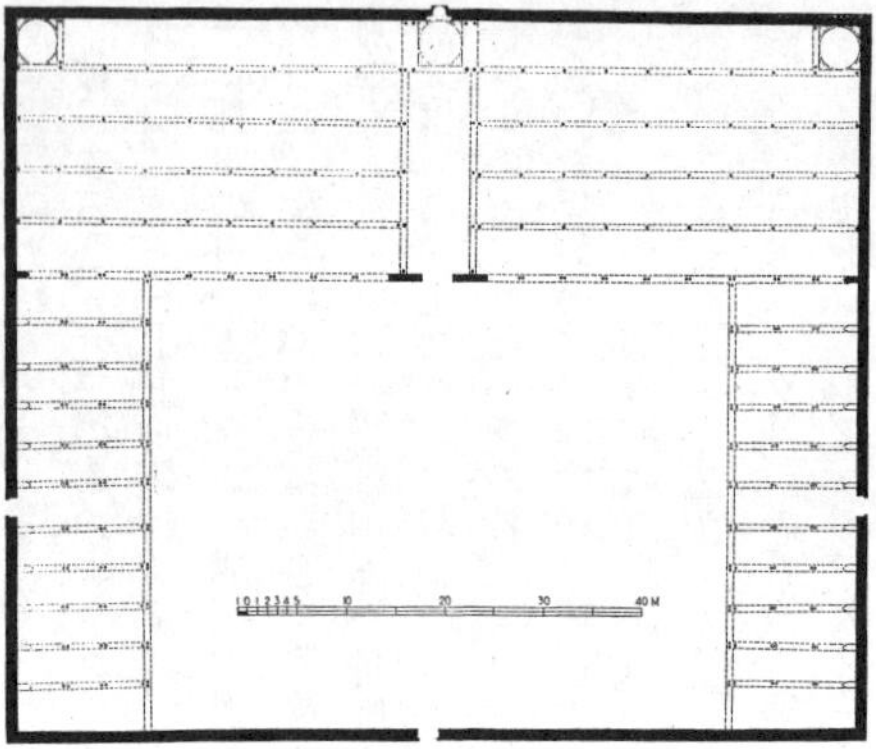

図66　アズハル・モスクの復元図

込んだと考えるのが一番無理がないように思える。しかし、実はことはそう簡単ではない。なぜなら、一、コルドバ、カイラワーン、チュニスなど西方イスラム世界で建てられたモスクでは、元来、主礼拝室の反対側だけではなく、主礼拝室以外の三方に回廊がなかった、二、北アフリカでは、通常、主礼拝室の柱列は、キブラ壁と直角に並んでおり、アズハル・モスクと同じようなキブラ壁と平行な柱列を持つモスクは一例（カラーウィーン・モスク）しか知られていない、三、三点のドームは、十二世紀以後のモロッコで見られるが、アズハル・モスクの建てられた十世紀より以前のものは知られていない、からである。アズハル・モスクに見られる特徴は、むしろ、ファーティマ朝がエジプトへ入って以後に、それ以前のエジプトのモスクの基本形態を受け継ぎながら、独自に発展させたものと考えた方がよさそうである。

このように、アズハル・モスクは、大枠としては、イブン＝トゥールーンのモスク、あるいはサーマッラーのモスクとさほど変わらない古典型を踏襲していた。しかし、大筋は変わらないものの、いくつかの点で新しい傾向が見られた。この新しい傾向は、続いて建てられたハーキム・モスクにおいてはどのような形で現われるのだろうか。

ハーキム・モスク

ハーキム・モスクは、九九〇年に建設が開始され、翌九九一年には一応の完成を見る。一一年後、このモスクの建設を命じたカリフ、アジーズの後を継いだハーキムが、大金を投じて正面入口や二本のミナレットを追加し、一〇〇三年にはこれらの工事も完了した（図68）。以後、ファーティマ朝の時代を通じて、このモスクでは金曜の説教が行なわれた。十四世紀の初めに地震によって大きな被害を受け、大修復工事が行なわれたことが記録されている。十八世紀末のナポレオンによる占領時代には、このモスクはフランス軍の要塞として用いられた。今世紀に入ると、モスクは荒廃し、礼拝にはもはや用いられなくなったようである。一九三〇年代の初めには、国の宗教関係の役所の物置として用いられており、一九三七年にカイロを訪れた宮崎市定氏は、「ただ広場の周囲に壁や門の残骸が残っているだけである」と記している。アズハル・モスクが重要なモスクとして、後世まで機

図67　現在のハーキム・モスク

能し続けたのに対して、ハーキム・モスクは、次第にその重要性を失い、忘れられていったわけである。近年このモスクは美しく修復され、往時の佳麗さをもう一度取り戻しているが、これは、イランなどのシーア派信徒の寄進によるものである（図67）。

このモスクについても、クレスウェルが、なかば廃墟であった時代に調査を行ない、復元図を示している（図69）。その図から明らかなように、このモスクもアズハル・モスクと同様、方形の中庭とそれを取り巻くアーチ式回廊を基本とする古典型である。モスクの基本的な形は、それまでのモスクと変わらない。また、アズハル・モスクの新傾向を受け継いで、ミフラーブの正面では、メッカの方向を強調するように柱がキブラ壁に直角に並べられている。

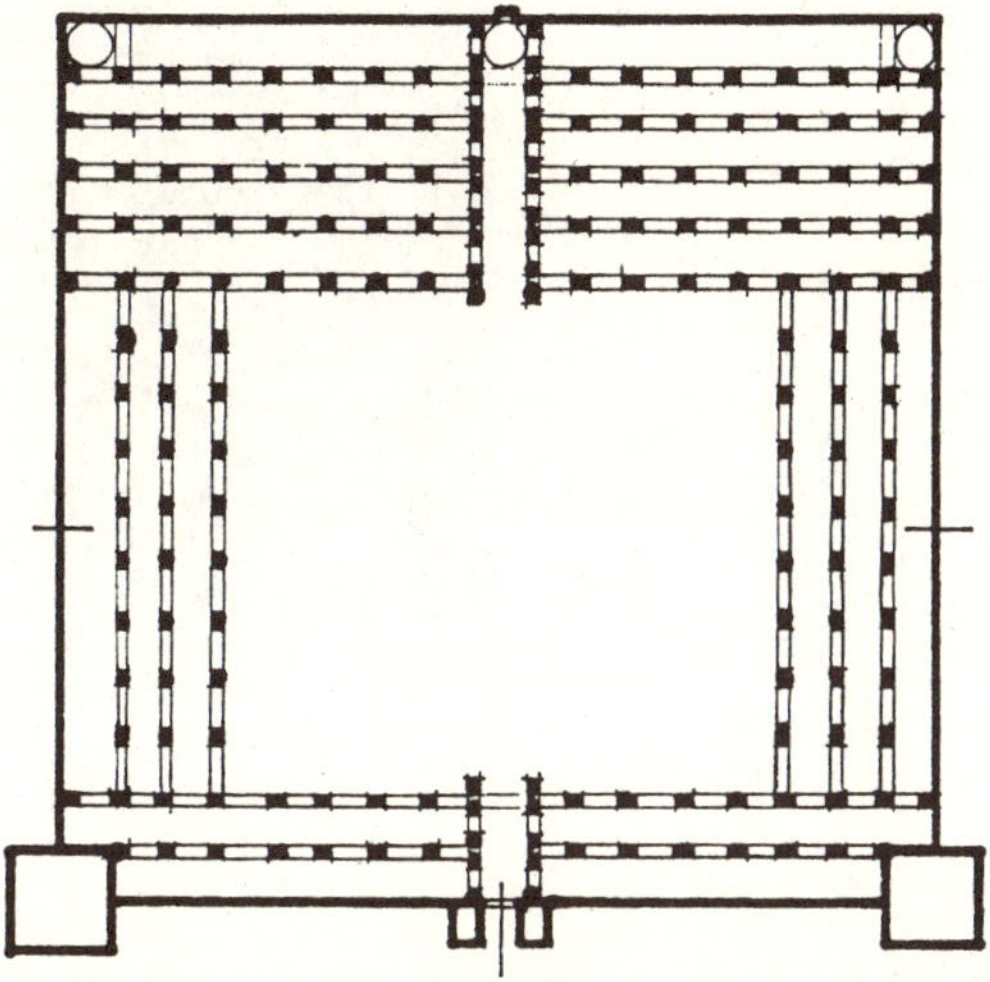

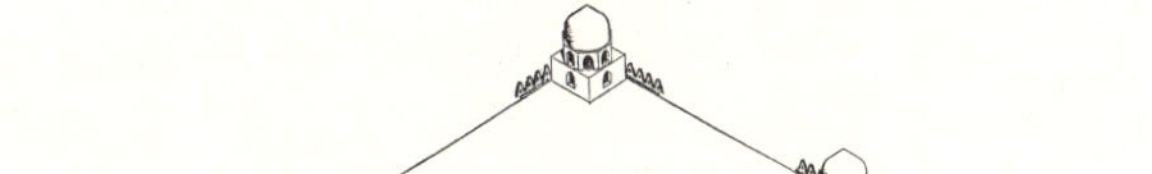

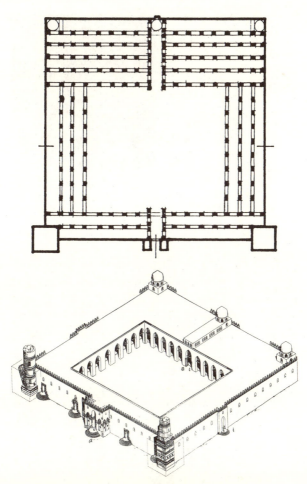

図68，69　ハーキム・モスクの平面図（▲）と復元図（▼）

図70　ハーキム・モスクのミナレット

一方、イブン＝トゥールーンのモスクやアズハル・モスクとは異なるこのモスク独自の特徴としてしばしば指摘されるのは、一、モスクの正面入口が重視され、装飾を持っていること、二、煉瓦ではなく、石を積んで建てられていること、三、独特の形態を持つミナレット（図70）が、正面外壁の両隅に置かれていること、である。

このうち、一と二は特に重要である。これ以前のモスクでは、中庭とその周囲の回廊や壁、それにミフラーブとその周辺などは、美しく装飾されたが、モスクと外の通りとの接点にあたる出入口はきわめて簡素に作られていた。何の装飾もなく長く続く外壁の中途にただ単に木製の扉があるだけの戸口が設けられている場合が普通だった。

今日でも、アラブ世界の都市の伝統的な居住区では、住民の家がきわめて殺風景な出入口を持ち、通りに面しては窓の一つもないのに対して、入口から一歩中へ入ると、緑に彩られた心地のよい中庭とそれをめぐる美しく装飾された部屋があることはよく知られている。一見矛盾しているようにも思えるこの建築方法は、風、日差しなどの気候の影響を最小限に押さえるとともに、プライヴァシーを重視するイスラムの教えにも合致する理想的なものだった。ハーキム・モスクが建てられる前のモスク建築は、このようなアラブ世界に特徴的な住居建築とよく似たスタイルを持っていたと言える。

これに対して、ハーキム・モスクは、主礼拝室の反対側にはっきりと正面と分かる張り出した立派な入口を持っている。このモスクの誕生とともに、モスクは外向けの顔を持つようになったのである。以後エジプトでは、モスクはそれと分かるアーチ状の入口を持ち、それがイラン起源といわれるムカルナス（鍾乳石紋、図71）などでしばしば美しく装飾されるようになっていく。

図71　モスク入口のムカルナス
（ジャイフ・モスク、カイロ）

また、建材として、石が用いられた点にも注意しておかねばならない。ピラミッドやカルナック神殿を例に挙げれば明らかなように、エジプトでは古代から石を用いた建築が主流をなしていた。ところが、イスラムを奉じるアラブ人が侵入し、モスクが初めて建てられて以来アズハル・モスクに至るまで、モスクは常に煉瓦建築だった。これは、多分にイスラムの興ったアラビア半島やアッバース朝盛期のイラクの建築の影響によるものだろう。ところが、このハーキム・モスクでは、エジプトのモスク史上初めて本格的に石材が用いられる。モスクは煉瓦建てであるべし、という原則が崩れたのである。以後、カイロで建てられるモスクは、多く石造となる。

ミナレットの様式も独特である。この様式は、それ以後のエジプトで必ずしも主流とはならなかったが、少なくとも、サーマッラーやイブン＝トゥールーンのモスクのミナレットの螺旋型とは大いに異なっている。

このように、ハーキム・モスクにも、ファーティマ朝より前の時代のモスクとは異なったいくつかの新しい傾向を見いだすことができる。それは、アズハル・モスクに見られる新しい傾向をそのまま受け継いだものとは必ずしも言えなかった。しかし、ファーティマ朝の時代になって、それ以前のモスクとは異なった新しい様式を持ったモスクを建てようとする気運が高まっていたことだけは確かである。アズハル・モスクやハーキム・モスクに見られる新傾向は、このような動きの中での試行錯誤の現われと見ることができよう。

ファーティマ朝モスクの特徴

ファーティマ朝末期の一一六〇年、カイロの南門にあたるズワイラ門のすぐ外に、一つのモスクが建てられた。サーリフ＝タラーイーのモスク（図72）と呼ばれるこのモスクは、アズハル・モスクやハーキム・モスクに始まる一連のファーティマ朝モスク新建築運動の行き着いた先を示すものとして注目される。建物本体は、五三×二九メートルの長方形でさほど大きくはない。基本的な形は、中庭とそれを取り巻くアーチ式回廊を特徴とする古典型である。しかし、よく観察すると、石造で、五連の優美なアーチで飾られた正面入口、ミフラーブの正面の柱列の幅がそれ以外の柱列の幅よりやや広く、結果としてキブラを強調する造りとなっていることなど、ファーティマ朝初期に建てられた大モスクに見られる特徴が、より洗練された形で取り入れられていることが目を惹く。特に、石の積み上げ方

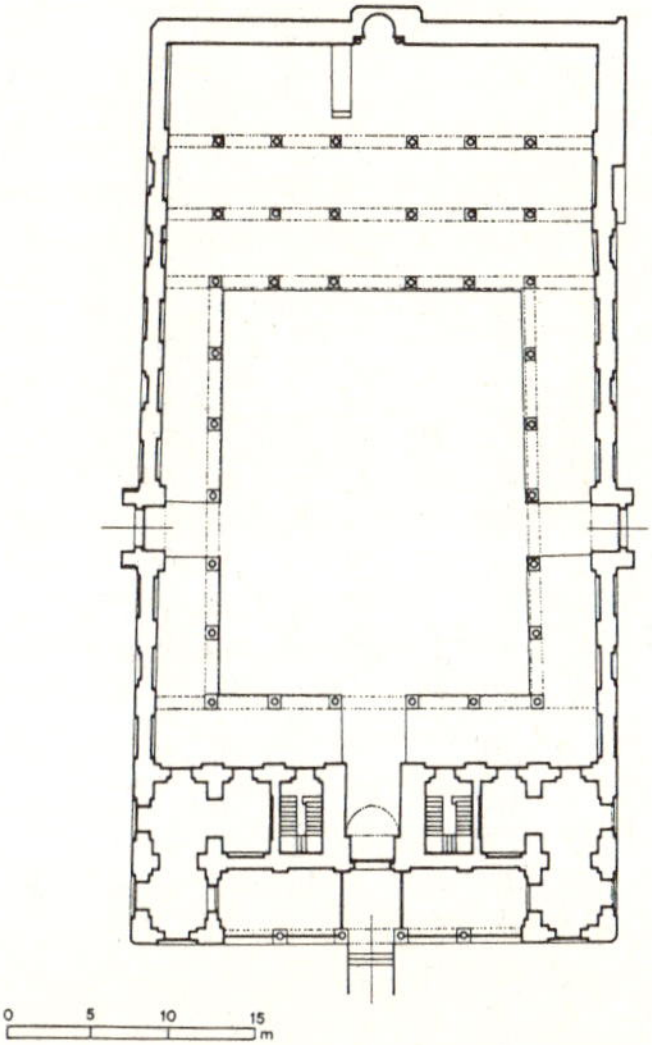

図72　サーリフ＝タラーイーのモスク平面図

には工夫が見られ、シリアからやってきた職工の技術が取り入れられている。

ここまで来れば、イブン＝トゥールーンのモスクやサーマッラーのモスクとの相違は歴然としている。十世紀の後半から始まったエジプトにおけるモスク革新の動きは、十二世紀になると、はっきりとした一つの新しい様式を生み出したのである。その特徴は、一、基本的な枠組みとして方形の中庭とそれを取り囲むアーチ式列柱という古典型を受け継いでいること、二、正面入口を装飾し、外向きの顔を作ること、三、石造建築であること、四、キブラの方向を強調するような工夫がなされていること、とまとめることができよう。

ここでこの節の初めに提示した問題にたち返ってみよう。アッバース朝に対抗するファーティマ朝は、シーア派的な独自のモスクを建設したと言えるのだろうか。シーア派のモスクという観点から考えれば、答えは否である。ファーティマ朝が生み出したモスクは、イブン＝トゥールーンのモスクやサーマッラーのモスクなどスンナ派政権が建てたモスクの特徴を基本的に受け継いでおり、取り立ててシーア派的と思えるような様式、装飾は見られないからである。それに、もし、ファーティマ朝のモスクがシーア派独特のものだったなら、この王朝が滅び、エジプトが再びスンナ派政権の支配下に入った時に、モスクも滅んでいただろう。ところが、事実は、一一七一年にファーティマ朝が滅亡し、スンナ派のアイユーブ朝やマムルーク朝が統治する時代になっても、ファーティマ朝の残したモスクは、使用され続けた。アズハル・モスクはその好例である。

しかし、独自のモスクという観点に立てば、答えは逆になろう。上で述べたように、ファーティマ朝期のモスクには、サーマッラーやイブン＝トゥールーンのモスクには見られない新しい特徴が明らかに現われているからである。このような独自の特徴が生まれてきた原因の一つが、アッバース朝への対抗意識であったことは間違いない。しかし、十分注意しておかねばならないことは、新しい形のモスクを生み出すような一種の文化的な革新運動が、当時、エジプトでだけ進展していたのではないということである。すでに西方イスラム世界でこのような動きが興っていたことは先に述べた。またこれらと似たような現象は、イランを中心とした東方でも見られる。それについては、後に詳しく述べることにするが、エジプトにおけるモスク革新の流れは、ファーティマ朝というアッバース朝に対抗する王朝が生み出した特殊エジプト的な動きと考えるよりは、もっと広く当時のイスラム世界一般に見られた「地域的な特徴を持ったモスクの建設」という動きの一端がエジプトにも現われたと捉える方がより真実に近いだろう。イランでの運動について述べる前に、さらにエジプトそしてシリアにおけるモスク建築のその後の展開を追ってみよう。

2 モスクと「墓付きマドラサ」

サラディンとモスク

サラーフ＝アッ＝ディーン（在位一一六九～九三）、通称サラディンは、十二世紀後半のイスラム世界を生きた人物の中で、後世最も有名となる。十字軍と戦い、その勇猛さで恐れられるとともに、その寛大さ、男らしさでもヨーロッパの人々の感嘆の的となった。彼は、一一七一年にファーティマ朝を滅ぼし、新たにアイユーブ朝を興したことでも知られている。一代の英雄の例にもれず、彼は多くの建設事業を行なったが、中でもカイロ南東の小高い丘の上に自らの居城である城塞を築いたことは、特筆すべきである。彼は贅を尽くしたファーティマ朝の宮殿を捨て、従来からのカイロの町には入らずに、その郊外に新たな拠点を築いたのである。このことは、その後のカイロの発展の方向を決定付けた。ファーティマ朝の築いた城壁に囲まれた旧来のカイロと、サラーフ＝アッ＝ディーンの城塞を結ぶ道沿いに新たな市街が形成されていったからである（図73）。

ところで、ここに一つの興味深い事実がある。サラーフ＝アッ＝ディーンほどの英雄が、自身の権力や敬虔さを象徴するような大モスクを建ててはいないのである。ウマイヤ朝中

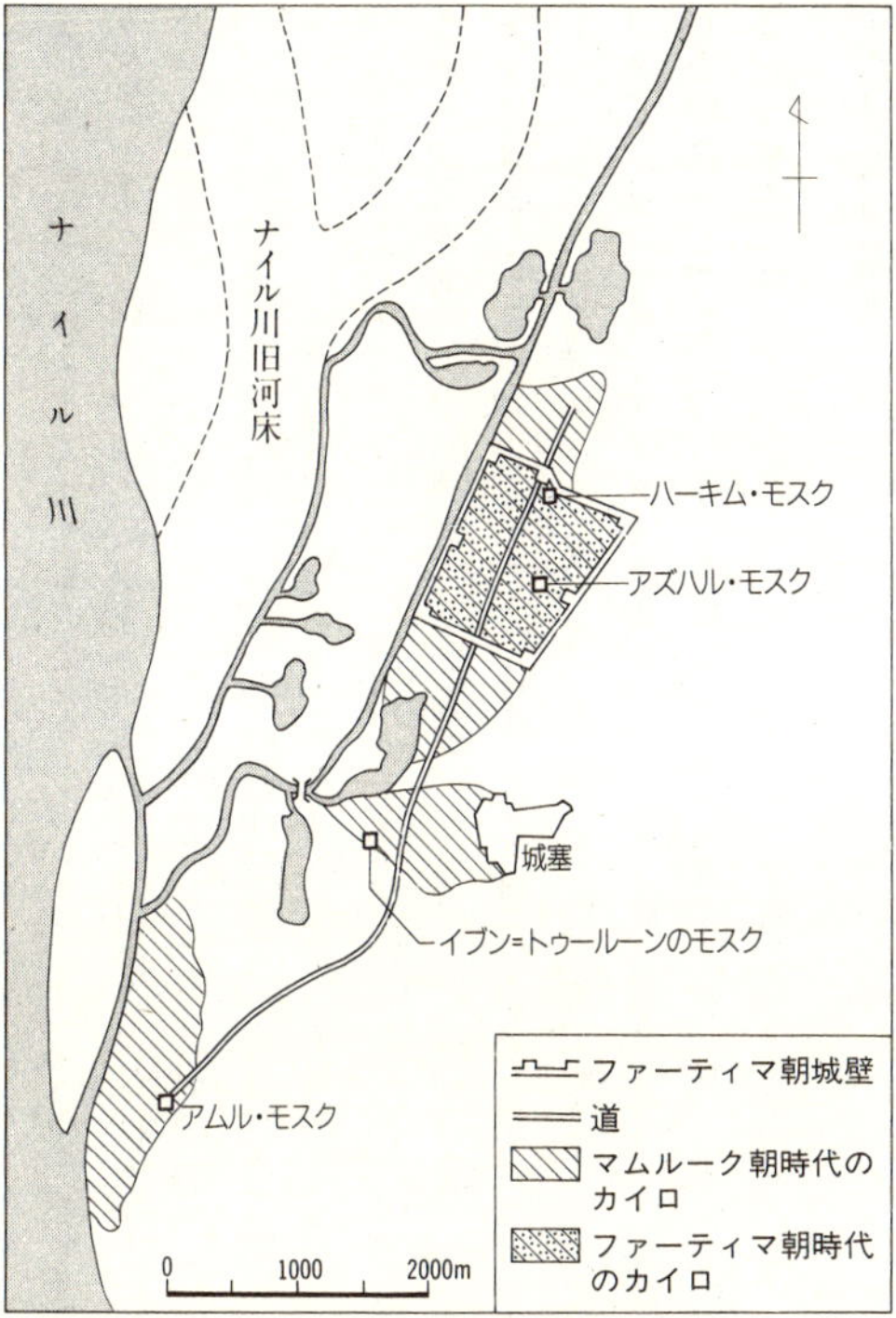

図73　マムルーク朝初期（13世紀後半）**のカイロ**

期以後、大きなモスクはしばしば支配者の敬虔さの証であるとともに、権力の象徴としての役割をも果たしてきた。ダマスクスのウマイヤ・モスク、バグダードやサーマッラーの大モスク、イブン＝トゥールーンのモスク、さらにはアズハル・モスクやハーキム・モスクとそのような例は枚挙に暇がない。宗教的な敬虔さと政治的な実力を兼ね備えていたサラーフ＝アッ＝ディーンが大モスクを建てていないのは不思議なことである。

もっとも、その一生のほとんどを戦いに明け暮れ、身の休まる暇のなかったサラーフ＝アッ＝ディーンの場合は、城塞を築くのが精一杯で、モスクを建てる余裕がなかった、と考えることもできよう。しかし、奇妙なことに、彼の後を継いだ歴代のアイユーブ朝君主も誰一人大きなモスクを建ててはいない。アイユーブ朝のみならず、事情はその後のマムルーク朝期（一二五〇〜一五一七）になってもさほど変わらない。マムルーク朝のスルタンたちは、カイロでもダマスクスでも、モスクの建設に熱心だったとはとても言えないのである。それでは、アイユーブ朝やマムルーク朝の君主たちは、建設事業をあまり活発に行なわなかったのだろうか。事実は全く逆である。彼らは、モスクではなく、別の宗教建築物を盛んに建てていた。それは、マドラサと呼ばれる施設である。

マドラサの流行

アイユーブ朝以後の時代には、君主やその一族だけではなく、政治的、宗教的に有力な人々、富裕な人々が争うようにマドラサを建設した。具体的な数を挙げてみよう。アイユーブ朝後期とマムルーク朝期にあたる十三世紀初めから十六世紀初めの約三〇〇年の間に、サーリヒーヤというダマスクス郊外の一地区だけで三一のマドラサが建てられた。十二世紀にマドラサが建設されるようになってから十六世紀初めまでに、ダマスクス全体ではその数は一五二に及んでいたという。シリアのもう一つの中心都市アレッポでは、十三世紀後半に五一のマドラサが存在したことが伝えられている。同じ頃カイロでは、マドラサの数は七三を数えた。今日に残るマムルーク朝時代の歴史的建造物の大部分が、スルタンやその周辺の人々が建てたマドラサであるという事実が、何よりも当時のマドラサの流行を物語っている。

マドラサとは、一般には、イスラムの法解釈、法理論を教えるための施設とされる。建設者が寄進した財産で、管理、運営が行なわれるのが通例で、教授に給与が支払われる一方、学生は、無料で講義を受けることができ、食事と寝泊まりする部屋も与えられた。その起源については、未だ不明の点が多いが、現在最も有力なのが、マクディシーという学者の説である。彼によると、初期イスラム時代には、『コーラン』やイスラムの法解釈の授業は、モスクの礼拝室などで、教師のまわりに学生が集まって行なわれており、特別に授業用の建物があったわけではなかった。ところが、高名な学者の講義が行なわれるモスクには、向学心に溢れた学生が遠方から多数集まるようになり、これらの学生が寝泊まりするための建物が必要となった。そこで学寮とでもいうべきものがモスクの近くに建てられるようになった。そのうち、講義自体がこの学寮で行なわれるようになり、いわゆるマドラサが誕生したという。それは、十世紀頃のイランにおいてだという。

マドラサ流行の理由

それでは、ここで問題にしているアイユーブ朝の時代に、なぜマドラサが数多く建設されるようになったのだろうか。従来認められている解釈を次に要約してみよう。

十一世紀後半のイランやイラクで、セルジューク朝が政治権力を握ると、その領域では政府によって多数のマドラサが建てられるようになる。特に有名なのは、セルジューク朝の宰相、ニザーム＝アル＝ムルクがバグダードやイスファハーン、ニーシャープールなどの大都市に建てたニザーミーヤと呼ばれるマドラサだった。これらのマドラサでは、主としてスンナ派の法学が教授され、これを修めたウラマーと呼ばれる知識人は、次第に政府の官僚や裁判官（カーディー）として社会で活躍するようになっていった。ニザーム＝アル＝ムルクは、シーア派のブワイフ朝治下で発展が阻害されていたスンナ派の法学を立て直し、スンナ派法学者を活用することによってカリフを宗教的権威とするスンナ派体制を維持、発展させようとしていたと言われる。マドラサの建設を積極的に推進し、有能なスンナ派学者を作り出すことはそのためにも必要不可欠だったわけである。

セルジューク朝のシリアへの進出にともなって、ファーティマ朝の支配から離れたシリアでも、十二世紀になるとマドラサが建てられるようになる。この世紀半ばすぎにアイユーブ朝が成立すると、マドラサの建設は、ますます盛んとなった。シーア派のファーティマ朝を滅ぼしたアイユーブ朝の立場は、ちょうどブワイフ朝を滅ぼしたセルジューク朝のそれに似ていたからである。アイユーブ朝の治下で多数のマドラサが建てられるのは、セルジューク朝の場合と同様に、スンナ派知識人を養成し、ファーティマ朝の遺したシーア派色を一掃してスンナ派体制を確立するという政策のためだった。

マドラサの建設はこのように主として政策的な観点から推進されたとされるが、それ以外に、マドラサを建設した為政者が、自ら学芸活動に携わり、宗教的な敬虔さを持ち合わせていたこと、すなわち、為政者がその宗教的関心に基づき、学問を奨励するためにマドラサを建設したことを指摘する意見もある。

これらの説は、いずれももっともであり、マドラサが多数建てられた理由の一部を説明できている。だが、いくらスンナ派体制の確立のためとはいえ、アイユーブ、マムルーク両王朝の三百数十年を通じて、それほど多数のマドラサを次々と建設していく必要があったのだろうか。実際に建築物としてのマドラサを見て行くと、これらの建物が、純粋に学問研究や教育のための施設として建てられたのだろうか、という疑問が涌いて来る。

まず、構造的に学生や教育のためのスペースがきっちりと確保されているマドラサが少

図74, 75　カイロにあるスルタン・ハサンのマドラサ（正面左側の建物）（▲）とハサンの墓（▼）

ないのである。もちろん、マドラサによっては、学生の寝泊まりする小部屋を数多く備えたものもある。例えば、十五世紀に建てられたカイロのスルタン・ハサンのマドラサ（図74）では、中庭を囲む方形の建物の四隅が塔状になって、それぞれがスンナ派の四つの法学派に割り当てられ、学生のための小部屋が、設けられている。ここでは、確かにイスラム法学の講義が行なわれていたのだろう。しかし、このようなマドラサはむしろ少数である。

その一方で、多くのマドラサでしばしば目につくものがある。それは、マドラサ建設者やその一族の墓である。例えば、いま例に挙げたカイロのスルタン・ハサンのマドラサでも、キブラ側奥の大きな部屋に、この建物の建造を命じたマムルーク朝のスルタン・ハサンの墓（図75）が置かれている。中庭を持たないマドラサの場合などは、墓が建物の中央に置かれ、いったい学生はどこで勉強し、どこで寝泊まりしたのだろうか、と思わせるものさえある。大部分のマドラサでは、一番目立つのが、建設者やその一族の墓であることは間違いない。

なぜ、このようにほとんどのマドラサに墓があるのだろうか。この問いに答えるためには、イスラム世界における墓のあり方について、知らねばならない。「マドラサに墓がある」という事実は、それとは対照的に、「モスクには通常墓がない」という事実と密接に関連しているのである。

モスクと墓

モスクは、宗教施設という意味で、キリスト教の教会や仏教寺院と似たようなものだろう、とお考えの読者も多いに違いない。礼拝の場であり、象徴的な意味を持った建物であるという点では確かにそう言える。しかし、モスクは、宗教施設として最も重要な点で、これら他の宗教の施設とは決定的に異なっている。それは、死、とりわけ墓との関わりである。

ロンドンのウェストミンスター寺院を訪れた人は、教会堂の内部の床一面に死者を記念する碑銘が刻まれており、それを踏まずに歩くのに苦労するだろう。それほど極端ではないにせよ、ヨーロッパにあるキリスト教会は、墓と深く関わっている。大きな教会の場合には、王族や貴族の石棺が地下や内陣の周囲に置かれていることが多いし、村の小さな教会の裏には墓地がある。日本の仏教寺院に墓があることは、言うまでもあるまい。宗教施設と墓との結びつきは、私たちには一見当然のように思える。しかし、イスラムの宗教施設であるモスクには、墓がないのである。

ここで、モスクに墓がないと書いたのは、あくまでも「原則として」である。現実にはモスクに墓がある場合もある。特に、建物の中に聖者の墓があるモスクは多い。預言者ムハンマドの墓があるメディナの預言者のモスクがそうであるし、ウマイヤ・モスクの中には、洗礼者ヨハネの墓がある。エジプトには、サイイダ＝アーイシャ、サイイダ＝ナフィーサなど聖者廟とモスクが一緒になった宗教施設が数多くある。

一般人の墓とモスクの間にも関係がないわけではない。トルコのモスクは、日本の仏教寺院と同じように、裏庭にあたる場所に一般人の墓地を持つことが多い。インドのモスクには、中庭に墓を持つものすらある。しかし、イスラム世界全体で考えた場合には、墓のあるモスクは少数派である。

なぜ、モスクには墓がないのだろうか。理由は、二つ考えられる。最大の理由は、『コーラン』と並んでイスラム法の重要な法源とされる預言者のスンナ（言行）が、墓場での礼拝を禁じているからである。この本の最初に、ムスリムが礼拝を行なう場所はどこでもマスジドたりうると書いた。しかし、これはより正確には、墓場、ゴミ捨て場、屠場、浴場など七つの場所を除いては、と言わねばならない。つまり、墓があればそこで礼拝を行なってもそれは礼拝とは認められないのである。信徒の行動の規範となる法学書には、「墓のある建物をモスクとしてはならない」という規定もある。

もう一つの理由は、都市における土地利用の慣習である。モスクは、都市計画の要として、都市の中心に位置することが多い。特にアラブやイラン地域における密集度の高い都市では、多くの建物がモスクに接して建っていたり、モスクと壁を共有したりしている。モスクには事実上墓を作れるような空間はないのである。また、もし無理をしてモスクの内部に墓を作れば、ムスリムは墓の上に座って死者の真上で礼拝を行なうことにもなりかねない。さらに、土葬がもっぱらのイスラム世界では、モスクと周囲の建物が接近していれば、衛生の点からもそこに多くの墓を作るのは望ましいことではなかろう。モスクでの悪臭、騒音は禁じられている。多くの場合、墓地は、町の市門の外に作られた。

もっとも、モスクと死者の関わりがないわけではない。人が死んだ時には、一般の人々から送別の礼拝を受けるために、モスクの前や中に一時的に棺が置かれることがしばしばある。私がトルコで見た例では、昼の礼拝の前にモスクの出入口の外側に死者の名や享年を掲げた札とともに棺が置かれ、礼拝を終えた人々がその棺の前で祈りを捧げ最後の別れを告げていた（図76）。また、モロッコのサレという町では、棺をかついだ人々が物悲しい調子で「アッラーの他に神なし。ムハンマドはアッラーの使徒なり」と歌いながら町の中を練り歩いているのに出会った。ついて行くと、彼らは一旦モスクに寄ってその中で死者との最後の別れを簡単に済ませると、再び棺をかついで墓地へと向かっていった。

図76　モスクの前に置かれた棺と花輪
（カイセリ、トルコ）

イスラム世界の葬儀については、地方差が大きく、簡単には一般化できない。葬儀の方法については、法学者の間でも議論がある。モスクとの関わり方もイスラム世界のどこでも共通というわけではない。ただ、モスクでは、送別の礼拝だけが行なわれ、死者の清めや『コーラン』読経など主要な儀式は死者の自宅や埋葬地で行なわれることが多いようだ。

政治権力者と墓

墓の存在があまり歓迎されなかったとはいえ、墓を作る習慣自体はイスラム世界にも存在した。ここでは特に問題を権力者と墓の関係に絞って考えてみよう。彼らは、どこにどのような墓を作ったのだろうか。

イスラムの教義に素直に従えば、死者に特別な墓が必要ないことは明らかである。何故なら、墓は単に人の死後の仮の宿に過ぎないからである。人は、生きていようと死んでいようと、一旦この世の終わりを迎えると、皆最後の審判に臨まなければならない。その際、死者は埋葬場所から起きあがって神の前に出、生前の行ないによって裁きを受け、天国か地獄に赴くことになる。埋葬場所である墓は、明日にでも訪れるかもしれない最後の審判までの仮の眠りの場なのである。従って、墓を立派に作ることには本来何の意味もない。そんな財産があるのなら、貧者に喜捨するほうが、よほどイスラムの教えにかなうことになるわけである。

このような考えに基づいて、イスラム勃興後二〇〇年ほどの間は、権力者といえども生前に自らの墓を準備し、それをことさら華美に飾ることはなかった。まして、独立の墓廟が建てられることは皆無だった。預言者ムハンマドの墓だけは、その死後、比較的早い時期から巡礼の対象となるが、これはあくまでも例外と考えてよい。教義上は、普通の人間にすぎないとされても、一般の人々にとって、ムハンマドはやはり特別な人物だった。聖人扱いされた彼と、のちにシーア派初代のイマームとされる第四代正統カリフのアリーだけは別にして、それ以外の初期の三人の正統カリフ、それにウマイヤ朝やアッバース朝前期のカリフの墓の所在は、今日ほとんど知られていない。また、文献史料によると、アッバース朝カリフの場合は、その多くが宮殿の中に埋葬されたという。その墓はきわめて簡素なものだった。

しかし、この世で得た権勢が大きければ大きいほど、死後もその権勢をなんらかの形で維持したいと考えるのは、洋の東西を問わず権力者の常だろう。自らの名と権力がその死とともに消滅してしまうのは、政治権力者にとって耐えがたい苦痛だった。このため、彼らはなんとかして自らの名や偉大さを後世に残そうと試みた。大モスクの建設はこのような権力者の自己顕示欲と無縁だったわけではない。自らのために豪華な墓を建てることも、この文脈で捉えることができよう。立派な墓は、それを建てた権力者の偉大さをより直接的に表現し、その肉体を最後の審判まで安寧、静謐のうちに保存すると考えられたのである。かくして、イスラムが興って二〇〇年を過ぎる頃から、権力、財力を持つ者が立派な墓を建てることをタブー視する考えは次第になくなって行った。

政治権力者の墓ないし墓廟が本格的に作られるようになるのは、九世紀の後半以後のことである。この頃は、ムスリムの信仰にかかわる建物としては、まだモスクがあっただけだった。モスクに墓を作ることは原則としてできなかったから、権力者は単独の建物として墓廟を建てるようになった。現在まで残るこのような建物の中で最も古いのは、八六二年に亡くなったアッバース朝のカリフ、ムンタシル（在位八六一〜八六二）の墓廟で、今なおその半壊した建物が、アッバース朝の旧都サーマッラーの遺跡に残っている。以後、権力者の墓廟は、イスラム世界の各地で建てられるようになる。アッバース朝カリフの墓も、十世紀以後はバグダードのルサーファ地区の墓地に独立の廟として建てられるようになった。その数はトルコ人の西アジアへの進出とともに目立って増加した。十一世紀に始まるセルジューク朝時代には、スルタンをはじめ王族や有力者の立派な墓廟が、主としてイランに数多く建設された。

ユーラシア草原で遊牧を行なっていた昔から、トルコ人は、しばしばその指導者の墓を建ててきた。古代トルコ人が、亡くなった彼らの指導者の生前の功績を記念して、その墓のそばに碑を建てたことは有名な事実である。イスラムに改宗したとはいえ、ユーラシア草原時代の風俗や習慣の多くを維持していたに違いないセルジューク朝時代のトルコ人たちは、墓を建てることに対する抵抗感をほとんど持たなかっただろう。

さて、この頃までは、権力者が自らの宗教的な敬虔さを人々に示すための一番手っとり早い手段は大モスクの建設だった。それは、同時に、自らの権威、財力を誇示するための手段としてもきわめて有効だった。だからこそ、数多くの大モスクが、時の権力者によって次々と建てられてきたとも言える。ところが、マドラサの出現によって、事情は大きく変化することになる。建設者が寄進した財産によって管理、運営が行なわれるマドラサの建設も、建設者の敬虔さと財力を世間に示しうるという点で、基本的には、モスク建設と同じ性格を持っていたからである。この新しい宗教施設の建設は、さらにその上に、モスク建設からは得られない大きな利点を二つともなっていた。一つは、言うまでもなく、そこでの教育の効果である。高度で集中的なマドラサ教育によって、スンナ派体制確立のための有能な知識人を生み出すことが可能となった。この点は、マドラサが流行した理由として、つとに指摘されている。

マドラサと墓

しかし、このことにもまして、もう一つの利点こそが、実はマドラサ流行の最大の理由ではなかっただろうか。それは、マドラサには建設者の墓を建てることが可能だった、ということである。モスクに建設者の墓を建てることは、イスラム法上問題があり、なんらかの言い訳を考えねばならなかった。これに対して、マドラサにはそのようなタブーはなく、建設者は中に自由に墓を建てることができた。

自らの墓廟を単独で築くよりは、マドラサを建て、その中に自らの墓を建てる方が建設者にとっては有利となる点がいくつもあった。一つは、マドラサ建設が宗教的な目的にかなう慈善・善行と見なされたということである。自らの墓だけを建てても、それは善行とはならなかったから、その差は大きい。第二に、イスラム共同体の共有財産であるマドラサは、寄進された財産を元に、未来永劫に存続することが法的に保障されていたから（実際はそうならないことも多かったが）、その限りは中にある建設者の墓も維持されていくはずだった。これに対して、墓廟の場合は、それを守って行く子孫が絶えれば、荒廃してしまう危険性が大きかった。第三に、マドラサでは宗教教育が行なわれるため、墓の近くでは、常に『コーラン』が詠まれることになる。死後の安寧を望む墓の主には、理想の環境だった。

このように、マドラサに墓を建てる利点は大きく、一旦、マドラサと墓が結びつくと、「墓付きマドラサ」は大流行するようになった。どこで、いつ頃からマドラサとその建設者の墓が結びついたのか、その起源ははっきりとは分かっていない。マドラサ発祥の地であるイランに、セルジューク朝期以前のマドラサがひとつも残っていないことが、その大きな原因である。シリアでは、サラーフ＝アッ＝ディーンの主君だったザンギー朝のヌール＝アッ＝ディーン（在位一一四六〜七四）が、自らの建てた墓付きマドラサに葬られている。このあたりが、墓付きマドラサのはじまりではないだろうか。そして、マムルーク朝時代になると、ほとんどのスルタンが、彼らの名を冠し、彼らの墓を内部に持ったマドラサをカイロやダマスクスに建造するようになるのである。

以上をまとめると、マドラサには、スンナ派法学の研究・教育という公の機能とは別に、もう一つ、建設者の墓を収めるという機能が、ある時期から付け加わった。この機能が追加されたことによって、或いはそれが主たる機能になることによって、マドラサ建設の流れに一段と勢いが加わった。このように考えると、アイユーブ、マムルーク両王朝期の過剰供給とも思えるマドラサの建設ラッシュと、逆に大モスクがあまり建てられなかった理由が同時に理解できるだろう。

実際、この両王朝時代のモスクとして知られているのは、マムルーク朝のスルタン、バイバルスとナーシルがカイロに建てたそれぞれの名を冠したモスクぐらいである。その建築様式や装飾も、ファーティマ朝期のものと基本的に同じで、顕著な変化は見られない。この二つの王朝の時代のモスク建築は、明らかに停滞している。それは、イラン起源の建築要素であるイーワーン（図77）を取り入れて、力強い独自のフォルムを造りだすことに成功したマドラサ建築の発展とは対照的である。この時代のシリア・エジプトで名建築とされているものは、ほとんどすべてがマドラサ建築である。モスクを建てなかったサラー

図77　スルタン・ハサンのマドラサのイーワーン

フ＝アッ＝ディーンが、今日失われてしまったとはいえ、カイロに自らの名を冠したマドラサを建設しているのは、この時期の建築の主流がモスクからマドラサへ移行したことを象徴的に示していると言えよう。

アメリカの建築史家グレイバーは、モスクの歴史の中で、十〜十二世紀を一つの転機と捉えている。この時期までに、スンナ派内部では、四つの法学派が確立し、それぞれの流儀で礼拝を行なうようになったため、金曜日に町のムスリムが集会モスクに一堂に会して礼拝を行なうという従来の集団礼拝のスタイルがとりにくくなったこと、この時期以後、イスラム世界には、マドラサ以外にも、神秘主義者の道場であるハーンカー、ザーウィヤなど、モスク以外の宗教施設がいくつか生まれたこと、などによ

図78　ムハンマド＝アリーのモスク（カイロ）

って、モスクの性格や建築形式に変化が見られるからだという。ムスリム社会の変化がモスクの機能や様式の変化に影響を与えていることを指摘した興味深い意見である。彼の説に従えば、アイユーブ朝以後、モスク建築がさほどの発展を見なかったもう一つの理由として、礼拝の流儀の多様化を挙げることができるだろう。

いずれにせよ、ファーティマ朝の時代に独自のスタイルを獲得して新たな展開を遂げたモスク建築は、その後のアイユーブ、マムルーク両王朝の時期には、他の宗教建築、とりわけマドラサの流行に押されて、かつての活気を失ってしまった。十六世紀前半にシリア、エジプトがオスマン朝の支配下に入ると、これらの地方には主にオスマン朝の総督や高官たちによってオスマン朝風の建物が多く建てられた。だが、モスク建築については新しく独自の建築形式が生まれることはなかった。十九世紀前半の風雲児ムハンマド＝アリーは、カイロのサラーフ＝アッ＝ディーンの城塞に自らの名を冠したモスクを建てる。カイロのどこからでも見える壮麗な建築であったが、その建築形式はオスマン朝スタイルを踏襲したものでしかなかった（図78）。

3　セルジューク朝とイスファハーンの金曜モスク

ここでアラブ世界から東方のイラン世界に目を転じてみよう。九〜十世紀にはサーマッラー様式の強い影響下にあったイラン世界でも、十一世紀になるとモスク建築に独自の新しい傾向がはっきりと現われて来る。それは、今日まで続くイラン型モスクの誕生へとつながる動きだった。ここでは、イラン中央部の町イスファハーンに残る金曜モスクを例に取って、この新しい傾向について考えてみよう。

「金曜モスク」は、普通名詞として使われる場合には、「集会モスク」とほぼ同義で、金曜日の集団礼拝が行なわれる大モスクのことを意味する。しかし、イランでは、二つ以上の集会モスクがある場合でも、町でいちばん由緒ある大きなモスクだけが、「何某の町の金曜モスク」と固有名詞化して呼ばれることが多い。紛らわしいので、ここでは「金曜モスク」と記す場合には、それはすべて固有名詞としてイスファハーンの大モスクのことを指すことにする。金曜礼拝の行なわれるモスク一般については、集会モスクという語を使用する。

金曜モスク小史

イスファハーンの金曜モスクについては、イタリアの中東亜研究所（IsMEO）が一九七〇年代に大がかりな修復と発掘調査を行なっており、三巻の大部な報告書が出版されている。最近、グレイバーが、この報告書を利用して、金曜モスクの建築、修復の歴史やそれぞれの工事と都市社会の発展の相関関係を独自の方法で研究した興味深い書物を著わした。そこでここでは、これらの研究を参考にしながら、モスクの歴史に一大画期をもたらしたこのモスクの建築史的発展について整理しておこう。

今日イスラム世界に存在するモスク建築全体を眺めてみても、イスファハーンの金曜モスクほど複雑な歴史を持ったモスクは珍しい。大部分のモスクは、その建設者がはっきりしており、その後改修の手が加えられるにしても、できるだけ初期の建築様式を保持し続けようとする努力がなされてきた。例外は、前に触れたカイロのアズハル・モスクなどごく少数にすぎない。イスファハーンの金曜モスクもその数少ない例外にあたる。このモスクの場合には、建築活動が絶え間なく行なわれた結果、その歴史は、グレイバーの編年に従えば、少なくとも六つの時期に区分できるという。初期のモスクは跡形もなくなり、現存するモスクの建物のどの部分がどの時代に建てられたのかを確定するのも容易ではない。「建築様式の博物館」(石井昭)という言葉は決して誇張ではない。このモスク自体が、イランにおけるモスク建築の歴史を体現しているのである。

文献から確認できる限りでは、現在の金曜モスクの位置に初めてモスクが建てられたのは、七七一年のことで、この時、イスファハーン地域の別のモスクからミンバル(説教壇)がこの新しいモスクに移されたという。当時のイランでは、ミンバルを備えた金曜礼拝用のモスクは、まだ各都市に一つしかなく、このことから新しいモスクがイスファハーンで最高の格式を持つものとして建てられたことが分かる。また、身分の高い為政者のための特別礼拝場であるマクスーラもかなり早い時期から作られていたらしい。この最初のモスクの形態については不明な点もあるが、中庭とそれを取り巻く列柱を持ったいわゆる古典型モスクであったことだけは、考古学的な発掘から明らかにされている。また、主な建築素材としては、間違いなく煉瓦が用いられ、屋根は木材で葺かれていた。時はあたかもバグダードが建設された頃である。規模の違いはあったにせよ、イスファハーンのモスクはこのアッバース朝の新しい都のモスクとさして変わらない形式、素材によって建てられたと考えてよい。

以後二世紀の間に小規模な修復は何度か行なわれたが、全体としてモスクの形態が大き

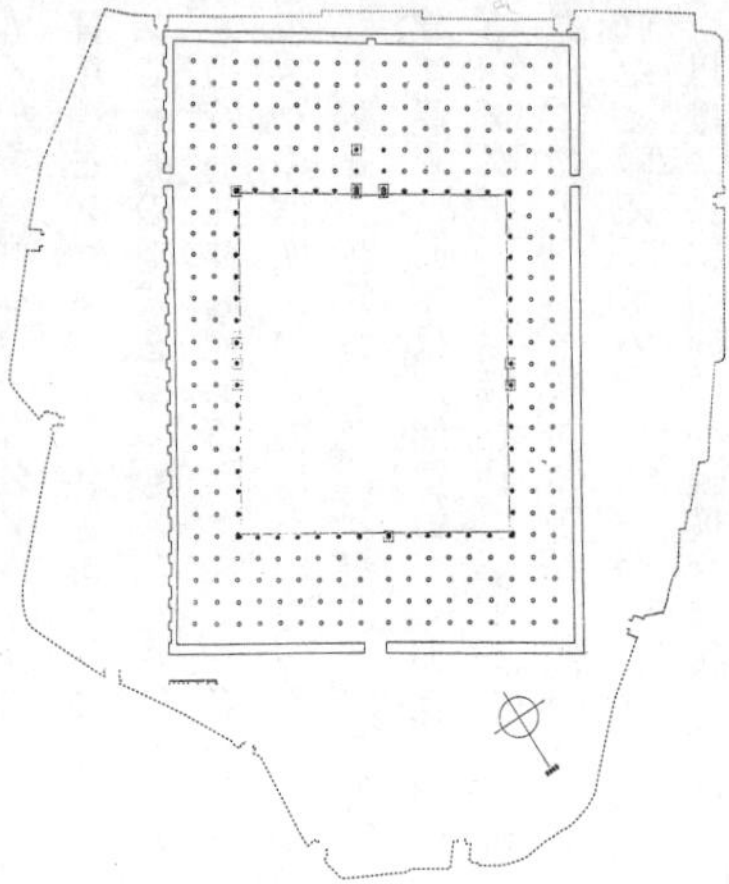

図79　ブワイフ朝時代の金曜モスク

く変わることはなかった。このモスクの形態と機能に大きな変化が見られるのは、十世紀後半から十一世紀前半にかけてのブワイフ朝時代のことである(図79)。この時期には、建物の中庭に面した壁の表面が、最新の装飾技法を用いて焼き煉瓦で作り直された。建物が拡張され、教室、図書室、宿泊室として使われる部分ができた。二本の新しいミナレット(塔)も出入口に建てられたという。なぜこのような大規模な修復、拡張工事が行なわれたのだろうか。グレイバーは、その原因を、九八〇年前後に新しく建てられたイスファハーンで二つめの集会モスクに求めている。

ジョルジール・モスクと呼ばれた二つめの集会モスクは、当時の最新の技術を用いて建てられ、高いミナレット、教室、図書室、休憩所などを備えた大規模な建築物だった。このモスクの建設は、シーア派の王朝であるブワイフ朝の宰相の援助によって進められ、モスクを飾る碑文には、『コーラン』からシーア派の人々がよく引用する字句が選ばれたという。このようなシーア派的なジョルジール・モスクの挑戦を受け、スンナ派側がこれに対抗するために金曜モスクに大幅に手を加えたのだというのがグレイバーの考えである。

ジョルジール・モスクという今日すでに失われてしまったモスクに着目した鋭い考察ではある。新しい王朝が、自分たちのモスクを建て、それが、新しい建築の傾向を持っていただろうことは、ファーティマ朝時代のエジプトの場合を思い浮かべれば十分納得できる。しかし、これだけですべての問題が解決しているとは思えない。ファーティマ朝とは異なって、ブワイフ朝が奉じたのは、シーア派の中では穏健派とされる十二イマーム派である。当時のイスファハーンでは、スンナ派とシーア派の対立が、それほど先鋭化していたのだろうか。また、グレイバーがスンナ派の側と言う場合、それは具体的にどのような人々のことを指すのだろうか。ファーティマ朝時代のエジプトの例から考えると、「シーア派のモスク建築」というものがありうるのだろうか。ジョルジール・モスクの建設はイスファハーンの人口増加という単純な事実を反映しているだけではないのだろうか。このように、グレイバー説に対して反論を試みることもたやすい。彼の解釈は一つの魅力的な試論にすぎず、ブワイフ朝期の金曜モスクとその改修をめぐる問題については、今後なお検討を続けることが必要だろう。

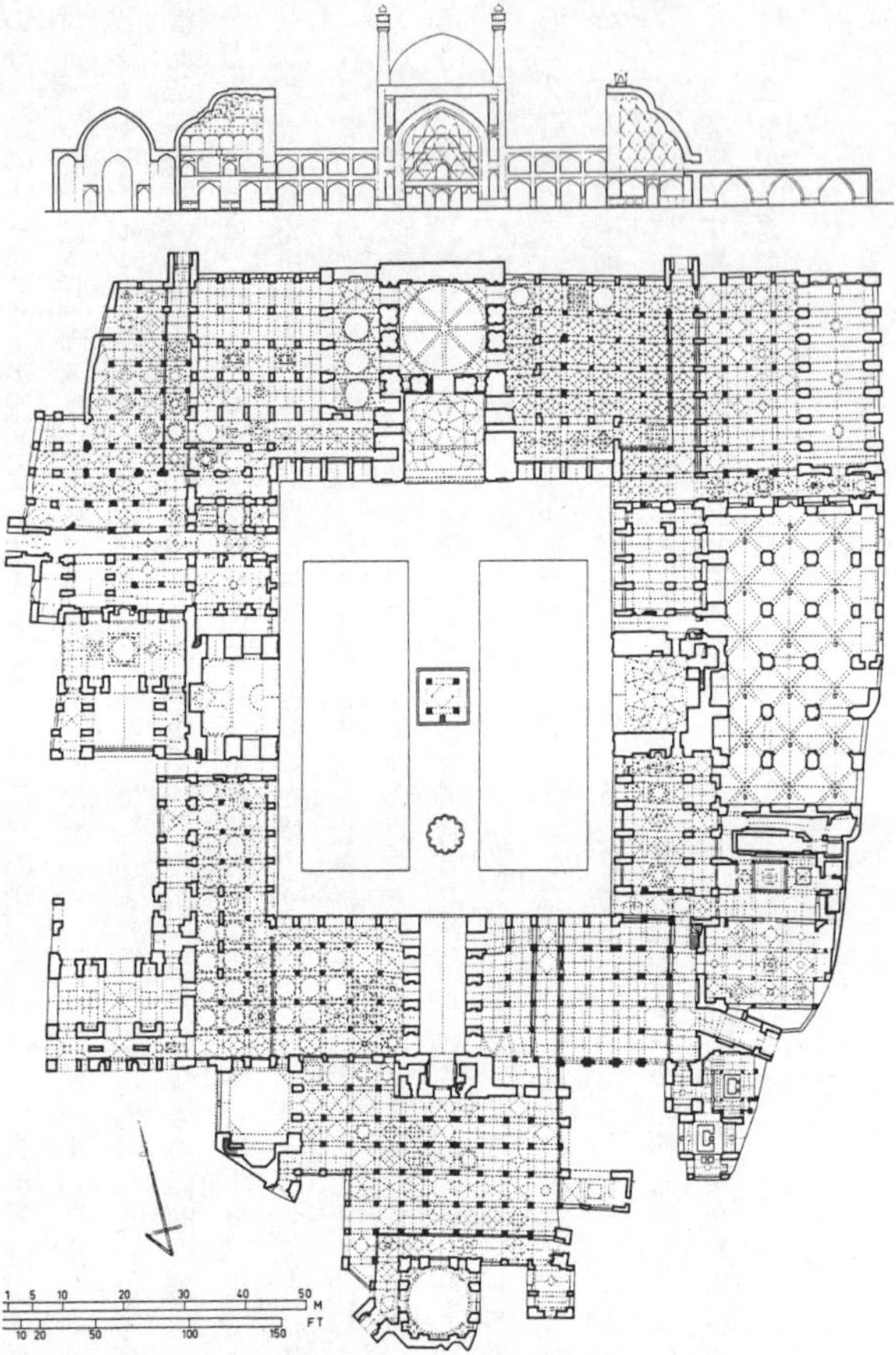

図80　イスファハーンの金曜モスク。立面図と平面図

ドームとイーワーン

我々の金曜モスクは、ブワイフ朝に続くセルジューク朝期（十一〜十二世紀）にはさらに大きな変容を遂げる。そして、この時期に、形作られた形態が今日に残る金曜モスクの建物の基本的な部分となるのである（図80）。その特徴は、大きく二つにまとめることができよう。第一が南と北のドーム、第二が中庭に面した四つのイーワーンである。

南のドームは、キブラ壁側の主礼拝室の中央にある（図81）。このドームは、一〇八六〜八七年にセルジューク朝のスルタン、マリク＝シャーとその宰相、ニザーム＝アル＝ムルクによって建てられた。高さは二〇メートル、直径は一〇メートルを超え、当時のイスラム世界では最も大きなドームだった。また、これよりやや小さい北のドーム（図82）は、南のドームと同じ軸線上に一〇八八年、ニザーム＝アル＝ムルクの政敵だったタージ＝アル＝ムルクによって建てられた。この時まで、イランには本格的なドームを備えたモスクは存在せず、この二つのドームはイラン建築史上で大きな意味を持つ。南のドームの建築技法は、古代のゾロアスター教神殿のドーム建築の技法を受け継いでいると言われる。

イタリア中東亜研究所の報告によると、南のドームは、元からあったブワイフ朝期のモスクの南側礼拝室の一部を取り壊した上で、モスク本体から独立して建てられたものである（図83）。北のドームも、元来のモスクの建物からはやや離れた位置に建設されている。

図81，82　金曜モスクの南ドーム（▲）と北ドーム（▼）

その後、比較的早い時期に二つのドームはモスクの本体に組み込まれた。その時期は、南のドームが十二世紀前半頃、北のドームが十四世紀の末までのある時期と比定されている。

ここでこの二つのドームが建てられた背景について考えてみよう。南のドームの建設意図は、比較的分かりやすい。これは、セルジューク朝のスルタンであるマリク＝シャーとその宰相ニザーム＝アル＝ムルクの権威と栄光を表現するためのものと考えてほぼ間違いないだろう。一〇八六〜八七年という年は、ブワイフ朝をバグダードから逐って三〇年、宰相にニザーム＝アル＝ムルクという人をえて、セルジューク朝の政権基盤が一番安定していた頃だった。この時に、重要都市の一つであるイスファハーンの大モスクに彼らを記念する建築物を付け加えようとすることは、きわめて自然なことだったろう。モスクの本体から離して建てた理由は、明確ではないが、あるいは、このドーム自体が、一般人の立ち入りを制限した彼らの特別な礼拝堂（マクスーラ）だった

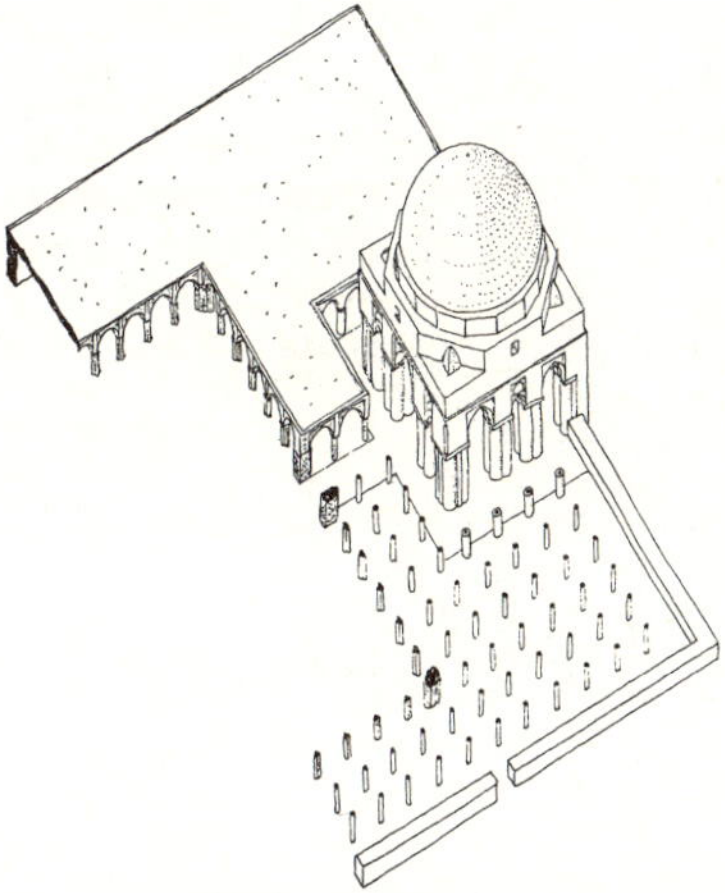

図83　南ドームの創建時の復元図

のかもしれない。

問題は、北のドームの建設理由である。南のドームと同じくモスクの南北の軸線の上に乗っていることから、これが、一年前に建てられた南のドームを意識して建てられたことは確かである。だが、どのような用途のために建てられたのかはいま一つ判然としない。宰相の政敵が宰相に対抗するために建てた礼拝堂とも言われるが、対抗したにしては、ドーム自体は北の方が小さい。それに、そのような露骨な挑発が果たして可能だったのだろうか。何か別の用途のために建てられたと考える方が自然だろう。

礼拝堂以外にこれまで提出されている説としては、君主がモスクに入る前に着替えを行なう建物、物見塔、図書館などがあるが、どれも説得力に欠ける。その中で、スチールランが主張するスルタンないしはその妃のための墓廟説は最も無理がない意見だと言える。セルジューク朝時代に王侯の墓廟が数多く作られたことは、すでに述べた。それらの墓廟にはドームを備えたものもあった。また、なぜこの建物がモスクとつかず離れずの位置に建てられたかという問題も、それがモスクの中には建てられない墓廟だったから、と考えれば解決する。このように、「北のドーム＝墓廟」説を支持する材料は多いが、現段階では決定的な証拠がない。現在、ドームの床面には墓石やそこが墓であることを示す碑文などは残っていない。このドームの元来の用途を確定するのはなかなか困難な作業のようである。

セルジューク朝時代に金曜モスクに起こった重要な変化の二つめは、中庭に面した四つのイーワーンの建設である。これは、イスラム初期から続いてきた中庭に面して連続する列柱アーチを持つ「古典型」モスクとの決別を意味し、建築史上の非常に大きな画期となる出来事だった。イーワーンとは、建築要素の一つで、建物のファサードにアーチ型の大きな開口部を設け、建物の他の部分と区別するために、その周囲を四角く枠取りしたものである。建物の正面に置かれて、人を中に導き入れる玄関としての役割を果たす（図84）。大きさは様々だが、少なくとも、イーワーンの高さはその左右の壁ないし回廊よりかなり高くなる。イーワーンの上部は、円筒型や船底型などのヴォールトか半ドームを持つ。イスファハーンの金曜モスクの場合には、北以外の三つのイーワーンが半ドーム、北のイーワーンだけが尖頭型のヴォールトを持っている（図85）。

建築の要素としてのイーワーンは、すでに前イスラム期のイランで見られる。例えば、ササン朝の都クテシフォンの宮殿にあったイーワーンは有名で、王者の権威と力を象徴していたと言われる。イスラム時代になっても、イーワーンが王宮に使われた例が知られている。アフガニスタンにある十一世紀初めのガズナ朝の宮殿遺跡がそれで、中庭に面して四つのイーワーンが向かい合う典型的な四イーワーン・スタイルを持っている。

元来王者の力の象徴であったイーワーンが、モスク建築に取り入れられて行った過程はまだはっきり解明されたわけではない。しかし、事実としては、十二世紀の前半になると、

図84　19世紀のヨーロッパ人旅行記に見える金曜モスクの中庭とイーワーン

図85　北のイーワーンから見た南の主イーワーン。北のイーワーン（手前）の尖頭型ヴォールトの形状がよく分かる

四つのイーワーンが中庭に面して向かい合う四イーワーン型式をとるモスクが、中部イランのいくつかの町で作られるようになった。今日まで残る例としては、イスファハーンからさほど遠くないザヴァーレ、アルデスターンなどの町にある金曜モスクが知られている。ザヴァーレのモスクの建立は、一一三五〜三六年、アルデスターンのそれは、一一六〇年頃とされる。ここで問題にしているイスファハーンのモスクでもこのような一連の流れを承けて四つのイーワーンが建設されたと考えてよいだろう。

ただし、イーワーンの建設過程や理由にはまだ謎が残されている。現在までの研究では、イスファハーンのモスクの四つのイーワーンは、同時に建てられたのではなく、一一二一〜一二二年から一二二〇年までのおよそ一〇〇年の間に、南、東西、北の順に建設されたと考えられている。そのせいもあってか、よく見ると、四つのイーワーンにはそれぞれ異なったスタイルと表情がある。南と東西のイーワーンが、半ドーム型の天井を持っていて、入口はその下に小さく開いているだけなのに対して、北のイーワーンは、尖頭型ヴォールトを持ち、その広く開いたヴォールトが建物の奥深くまで続いている。各イーワーンの縦横の長さの比率も微妙に異なっている。それは、それぞれのイーワーンが建てられた時期や理由の違いを暗示しているようにも見える。

四つのイーワーンはなぜ同じ時期にまとめて作られなかったのだろうか。また、四つのイーワーンを建設する工事に並行して、中庭を取り巻く回廊や礼拝室の天井に数多くの小ドームを作る工事も進められている。モスクのイメージをがらりと変えるような大工事をいったい誰が行なったのだろうか。イーワーンの建設が進められたと考えられる時期には、セルジューク朝のスルタンはもうこの町にはいない。一一一八年以後、イスファハーンは、拠点をイラン東部のホラーサーンに移したセルジューク朝の一地方都市にすぎなくなっていた。支配者にとり壮大なモニュメントを建設する意味は失われていたはずである。

このように、このモスクの建設過程をめぐる問題の多くはなお未解決のままで残されている。しかし、それはさておいて、イスファハーンの金曜モスクがモスク建築全体の歴史の中で持つ意味は限りなく大きい。セルジューク朝期におけるこのモスクの大規模な改築によって、それまでイスラム世界のほぼ全域で見られた方形の中庭とそれを取り巻くアーチ回廊を持つ古典型モスクとは異なった新しいスタイルを持ったモスク建築が誕生したからである。中庭に面して四つのイーワーンが相対し、主礼拝室の上にドームをのせるのが、この様式の特徴だった。これが、イラン型モスクの第一段階である。イーワーンとドームは、ともにイスラム以前の古代イラン以来の伝統的な建築技術が新しくモスク建築に応用されたものだった。この様式を基本とするモスクは、以後多少の地域的、時代的な変化、発展を経ながらも、中央アジアやイラク、北インドなど、イラン文化の影響を受けた広い地域で長く作り続けられていくことになる。

また、イーワーンとドームという建築技術は、モスクだけではなく、様々な建築に応用された。その普及の範囲は、イラン型モスクの広まった地域をも超える広大なものだった。例えば、今日のシリアでは、イーワーンは、都市に住む一般の人々の住宅に欠かせない重要な要素である（図86）。強い日差しをできるだけ避けるように、中庭に面して北向きに設けられたイーワーンの高い天井の下は、一軒の家の中で最も快適な空間として、客間や居間に利用されている。また、シリアやエジプトで建てられたマドラサの多くにイーワーンが見られた。ドームは、アイユーブ朝やマムルーク朝の有力者の墓廟建築でしばしば用いられている。

図86　シリア人の生活に根づくイーワーン

古典型モスクとイラン型モスク

四つのイーワーンとドームを備えたイラン型モスクは、どのような点でそれまでの古典型モスクと異なっていたのだろうか。もう少し詳しく違いを観察してみよう。古典型モスクでは、中庭に面して同じ間隔で列柱が並んでいた。ミフラーブの前だけは、やや間隔が開くこともあったが、周囲との差はそれほど大きなものではない。信徒は列柱の間のどこからでも自由に礼拝室に入ることができた。礼拝室に入っても列柱の間から中庭はよく見えた。中庭と礼拝室は連続性を持った空間であり、モスクの建物自体が全体で一つの空間として意識されていたと言える。その一方で、礼拝室の中に屋根を支える柱がたくさんあるために、見通しは一定の方向にしかきかず、内部に広い大きな空間をとることはできなかった。

イラン型モスクの空間構造は、これとは全く異なっている。リズミカルなアーチが続く列柱型に対して、イラン型では、中庭に面した回廊の四辺の中央にイーワーンが建ち、それぞれの辺の大きなアクセントになっている。イーワーンの左右に続く回廊はアーチが連続するが、そのアーチは飾りアーチで、そこからは建物の中へ入れないことが多い。礼拝室や回廊に入るにはイーワーンを通り抜けなければならない仕組みになっているのだ。主礼拝室にはドームが架けられたために、ミフラーブの前にさえぎるもののない広く高い空間が獲得された。一方、回廊の中庭に面した部分が閉じられているために、礼拝室や回廊の内部は必然的に薄暗い。信徒は、光が溢れる明るい中庭から、イーワーンを通り抜けて暗い礼拝室に入ることによって、光と闇という二つの対照的な空間を短い時間で体験することになる。また、イーワーンの存在によって、モスクは建物としては大きく四つの部分に分割されることとなり、全体としての空間の一体性は失われた。グレイバーは、このようなモスクの空間の分割化は、ムスリムの共同体がスンナ派四法学派やシーア派などに分

図87　構造がむき出しになったイーワーンの裏側

かれたことに対応し、それぞれの集団が別々に礼拝を行なえるように工夫された結果だと考えている。

ところで、イーワーンがすべて中庭に向かって立っていることからも分かるように、イラン型モスクにおいても古典型モスクと同様に中庭こそが建物の正面となる。それは、写真に示したように、イーワーンの裏側には何の装飾もなく、建築構造がそのまま露出していることからもはっきりと分かる（図87）。セルジューク朝より後の時代になると、エジプトの場合と同様に、モスクの外回りでも通りに面した入口の門には装飾が施されるようになるが、それもせいぜい門の部分だけである。外回りの壁の大部分は煉瓦を積み上げた面がそのままむきだしになっているか、モスクに隣接する家屋の壁となって一般の人々の目に触れることはない。

イスラム世界の政治的分裂とモスク建築の多様化

ここまで述べてきたように、十〜十二世紀にエジプトを中心とした地域で見られたモスク建築の革新運動と時をほぼ同じくして、イランを中心とした東方でも新しいモスクを作りだそうとする活発な運動が起こった。同じ頃に異なった場所で期せずして起こったこの共通の現象は、当時の政治状況と密接に関連していたように見える。そこで、ここで十世紀から十二世紀頃のイスラム世界史を簡単に振り返ってみることにしよう。

西暦十世紀は、「シーア派の世紀」とも言われる。この世紀の初めにシーア派を信奉するブワイフ朝が成立した。この王朝は、世紀半ばにはアッバース朝の都バグダードにまで進出し、カリフを意のままに動かすようになった。また、北アフリカのチュニジアには、ファーティマ朝が興り、マグリブ地方を征服するとともに、十世紀の半ばすぎにはエジプト、シリアをもその支配領域に加えた。この王朝の君主は、自らをシーア派のイマーム（イスラム世界の最高指導者）と称し、アッバース朝のカリフの権威を認めなかった。

このようにシーア派の王朝がイスラム世界の各地で勢力を拡大していた頃、イベリア半島では、八世紀に成立した後ウマイヤ朝が最盛期を迎えていた。都のコルドバは、西方イスラム世界の文化的中心として大いに発展し、ヨーロッパからも多くの留学生が訪れた。

十一世紀に入ると、情勢はさらに複雑化した。東方からセルジューク族をはじめとする、

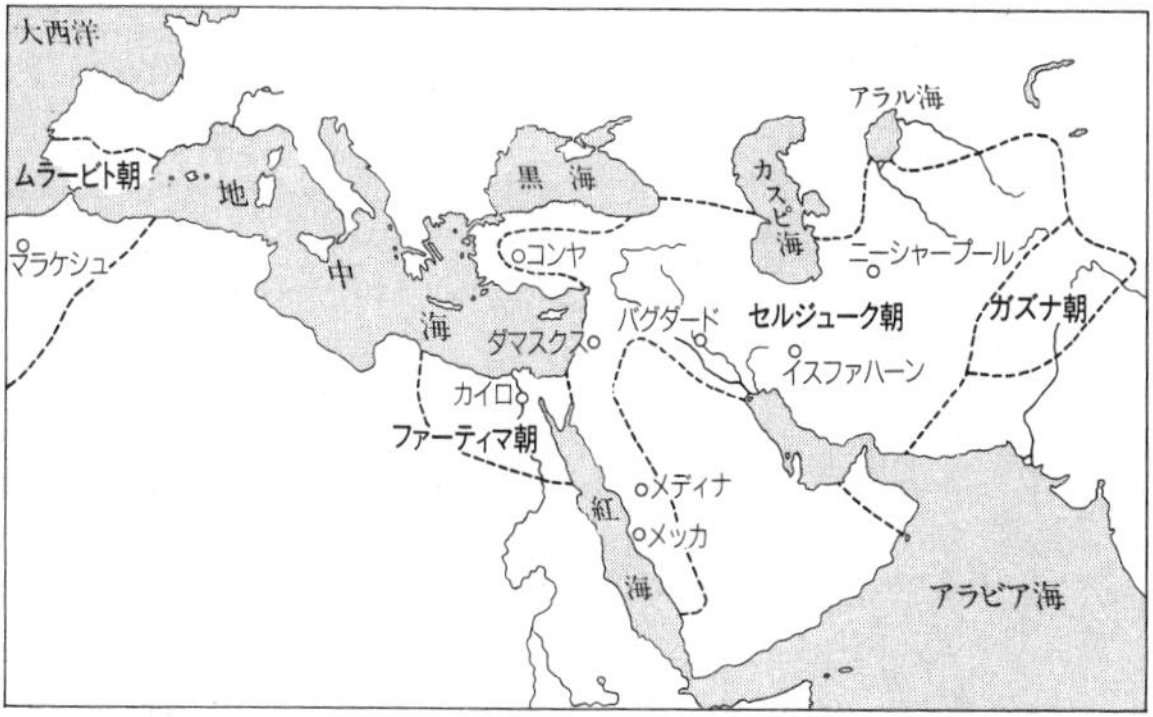

図88　11世紀後半のイスラム世界

トルコ系遊牧民族が新たにイスラム世界に進出してきたからである。彼らは、中央アジアからイランを経てイラクにまで進出し、ブワイフ朝をバグダードから追い出すと、アッバース朝のカリフから世俗の権力を認められ、イスラム世界の東半に一大政権を樹立した。また、その一派は、ビザンツ帝国の支配下にあったアナトリアにも進出し、この地域をイスラム化、トルコ化していった（図88）。

ムハンマドの時代に成立して以来、正統カリフやウマイヤ朝、アッバース朝のカリフのもとで、内実はともかくとして、表面的には何とか統一を保ってきたイスラム世界は、十世紀から十一世紀にかけての時期になると、もはやその分裂の様相を覆い隠すことができなくなったのである。ダマスクスやバグダードのように一つの都市が全イスラム世界の中心となった時代は終わり、政治的な中心は複数化した。大きく眺めると、イスラム世界は、政治地図の上では、東からイラン・イラクを含む東方、シリア・エジプトを中心とする中央、そして西方の北アフリカ・イベリア半島の三地域に分裂して行ったのである。

各地で古典型を超えた新しい様式のモスクが生まれるのは、まさにこの政治的分裂の時期においてだった。カリフの下で一応の政治的統一が見られた時期に、古典型モスクがイスラム世界のほぼ全域で建設されていたことを考えると、多様なモスク建築の出現が、十世紀以後のイスラム世界の政治的分裂と密接な関連を持っていたことはほぼ間違いない。しかも、モスク建築の多様化は、上で述べた三つの地域への政治的分裂に見事に対応している。イラン型のモスク、ファーティマ朝のモスク、それに後ウマイヤ朝や北アフリカのモスクがそれである。権力者によって建てられる大モスクが、政治の世界の動きにきわめて敏感であることは非常に興味深い。モスクの建築形式を分類、整理することによって、政治史の見直しが可能になるかもしれないからである。その意味では、十世紀以降今日に至るまで、イスラム世界全域で統一的な建築形式を持ったモスクが建てられなかったことはきわめて示唆的である。

4　モンゴル時代のモスクと東方イスラム世界

シリアやエジプトでは、十二世紀以降マドラサを建てることが盛んとなり、これとは対照的にモスクの建造が下火となったことはすでに述べた。では、マドラサの誕生した当のイランでは、モスク建築はその後どのような展開を遂げたのだろうか。

この問題を考えるには、まず十三世紀にイランを中心とした地域が経験した未曾有の政治的、社会的な混乱について触れておかなくてはならない。異教徒モンゴル人の東方からの侵入と、一世紀以上に亘る彼らの統治が引き起こした混乱についてである。モンゴル人のイスラム世界への大規模な侵入は、前後二度起こった。最初は、一二一九年にモンゴル高原を出発したチンギス＝ハン率いる西征軍によるものである。この時は、現在の西トルキスタンにあたるマーワラーアンナフルとイラン北部が征服された。二度目は、一二五三年に始まるフラグの西征軍による征服活動である。この遠征によって、バグダードで最後のアッバース朝カリフが殺され、五〇〇年続いたアッバース朝が滅んだ。そして、フラグはモンゴル高原には戻らないでイランに留まり、いわゆるイルハン朝が成立する。一二六〇年頃のことである。

カリフが存在しなくなったという事実が、ムスリム全体にとって精神的に大きな衝撃だったことは言うまでもないが、イルハン朝の成立は、実際にその支配の下に入った諸地域の人々にとっては、カリフの消滅以上に重大な問題だった。彼らは、異教徒の支配を受けることになったからである。イスラム勃興以来この時まで、ムスリムはしばしば異教徒の

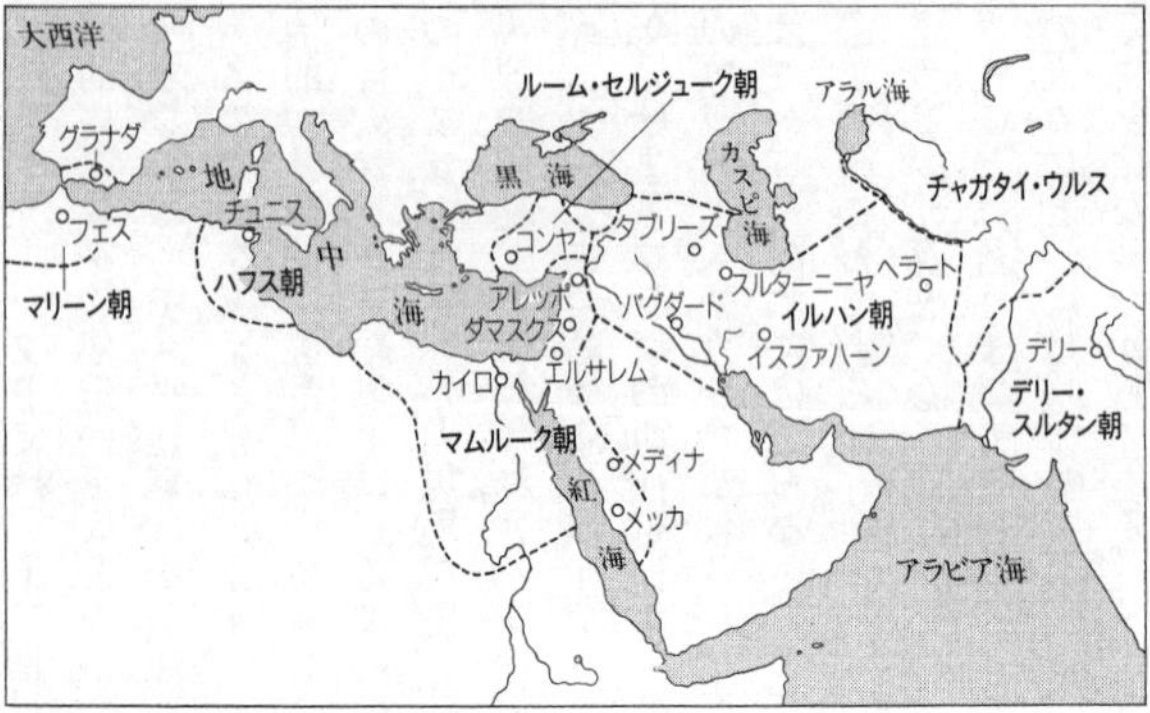

図89　13世紀後半のイスラム世界

住む地域を征服し、これを支配したが、逆に異教徒がムスリムを支配した例は、イベリア半島などでごく少数あるだけだった。イルハン朝の支配下に入った地域の場合、このようなことは全く初めての経験だった（図89）。

ただ、この地域のムスリムにとって幸いだったことに、モンゴル人支配者は、宗教的には比較的寛容だった。このため、礼拝や喜捨、巡礼などイスラムの信仰の根本に関わるようなムスリムの日常生活それ自体はさほどの混乱をきたさなかった。しかし、チンギス＝ハンの征服戦争の時には、モスクに軍馬が繋がれ、『コーラン』が収納箱から放り出されて兵馬の踏むにまかせられ、箱は飼葉桶にされるといった極端な事態も起こっている。イスラム世界では通常徴収されることのない税が課されたり、イスラム的な考え方、習慣が軽視される例は枚挙に暇がなかった。

このような異教徒によるムスリム統治という「異常事態」は、十三世紀の末に即位したイルハン朝第七代君主のガザン（在位一二九五～一三〇四）が、イスラムを受け入れムスリムとなったことによってようやく終息する。彼とともに、その配下のモンゴル人たちも大挙してイスラムに改宗した。これ以後、イランを中心とした地域は、再び名実ともにイスラム世界に組み入れられることになるのである。

この本で問題にしているモスクや宗教建築は、このような異教徒モンゴル人の侵入とそれにともなう政治的、社会的混乱によって大きな影響を受けた。いま試みに、イランにおけるモンゴル時代の宗教建築やその一部の数を、支配者のモンゴル人が異教徒であった時期（一二二〇～九五の七五年間）とムスリムとなった時期（一二九五～一三三五の四〇年間）に分けて比べてみると興味深い事実が判明する。ウィルバーという建築史家が発表した現存するモンゴル時代の建築物リストによると、モンゴルの侵入が始まる一二二〇年から実質的に最後のイルハン朝君主であるアブー＝サイード（在位一三一六～三五）が没する一三三五年の間に建てられた建築物や建築物の一部分の数は、九一例あるが、このうちガザンの即位する一二九五年以前のものは二二例にすぎない。そのうち五例は世俗建築やその一部で、マドラサは皆無、モスクもわずか一例だけしか知られていない。宗教建築の大部分を占めるのは、イマームザーデと呼ばれるイラン独特の聖者廟である。これは、病気の快癒、良縁、安産など様々な現世利益を目的として庶民がお参りする祠だった。異教徒であるモンゴル人の支配者層が建設した宗教建築は当然のことながら一例もない。

これに対して、モンゴルのイスラム改宗後に建造された宗教建築やその一部の数は、わずか四〇年の間に六五例を数える。このうち、ウィルバーが墓廟としている建物が二〇例を超えるが、その中には少なからず墓付きマドラサが含まれている。また、単独で建てられたモスクやその一部も二二例ある。ナタンズやアルダビール、ヤズドなど比較的大きな町の金曜モスクもこの時期に新築ないし改築された。支配者モンゴル人がイスラムに改宗すると、それまで蓄積されていたエネルギーが爆発するかのように、宗教建築が多くの町で活発に建設されて行った様子がよく分かる。

ガザンの命を承けてその宰相ラシード＝アッ＝ディーンが編纂した史書『集史』によると、「イスラムの帝王」と呼ばれたガザンは、支配下の各都市に一つずつのモスクとハンマーム（公衆浴場）を築くこと、ハンマームの収入をモスクの維持、運営のために使用することを命じたという。この命令がどの程度実行に移されたかは、必ずしも明らかではない。しかし、これによって、それまで異教徒の支配者の下で思うに任せなかった宗教建築活動に弾みがついたことだけは確かであろう。

モンゴル人と墓廟

イルハン朝と同じ時期のマムルーク朝のスルタンたちは、自らの墓を大事にし、墓を併設したいわゆる「墓付きマドラサ」の建築に熱心だったが、モンゴル人の墓に対する考え方はどのようなものだったのだろうか。

ムスリムになる前のモンゴル人の墓廟観は、マムルークたちのそれとは対照的である。フラグ以来歴代のイルハン朝君主の墓所は、人が容易に近づけないように人里離れた山奥や湖の中の島などに作られた。もちろん立派な目立つ建物などは建てられなかった。そして、その周囲は立ち入り禁止となって厳重に警備されたという。君主の墓を秘すのは、チンギス＝ハン以来のモンゴルの伝統だった。モンゴル高原で最新のテクノロジーを用いたチンギス＝ハンの墓さがしも行なわれているが、それでもなおチンギス＝ハンをはじめとするモンゴル帝国の大カアンたちの墓は見つかっていない。

ところが、ガザンがイスラムに改宗すると君主の墓廟事情は一変する。彼は、自らの壮麗な墓廟を建設することを命じたのである。建設の場所は、イルハン政権の中心都市、タブリーズの郊外にある水と草の豊かな牧草地が選ばれた。ガザンは、この建設事業に非常に熱心で、暇さえあれば、建築現場に顔を出し、親しく指示を出したという。彼は自らの墓廟のドームが、それまでのイランで最高だった十二世紀のセルジューク朝スルタン、サンジャルの廟の高さを超えるように強く要望したという。ガザンによって、イルハン朝君主の墓廟は隠すものから、目立つものへと一八〇度の転換を遂げたのである。

墓廟だけが建設されたのではなく、その周囲には、多くの宗教、慈善施設が建てられた。主なものとしては、集会モスク、二つのマドラサ、救貧院、病院、預言者の子孫(サイイド)のための施設、図書館、天文台、公衆浴場などがあり、これらの複合建築物群全体が、建設者の名にちなんでガザニーヤと呼ばれていた。それは、墓廟というより、墓廟を中心とした一つの新しい都市の建設とでも言うべきものだった。実際、当時の史家の一人は、ガザニーヤのあったシャームという場所のことを「小都市」と記している。

ガザンが祖先からの伝統的な墓廟観を捨て、当時イスラム世界で一般的だった墓廟建設に踏み切った理由は、少なくとも二つあった。一つは、墓廟に付属してマドラサ、救貧院、病院などの慈善施設を作り、これに財産を寄進することで、ムスリムとしての義務を果たし、神の恩寵をえようとしたことである。その意味で、彼は完全にイスラム的な考え方を理解していた。

もう一つは、十分に管理された立派な墓廟に眠り、多くの人がそこを訪れ、お参りをしてくれるようにすることだった。廟にお参りをした人々には、付属の庭園のあずまやでスープが振舞われ、金曜の夜には甘いお菓子が配られることになっていたという。ガザンが、自らの墓廟への人々の墓参のために周到な配慮を行なっていたことが分かる。これによって、自らの魂が安らぎ、自らの名前と偉業が後世に永く伝わるようにとの思いがあったことは容易に想像できる。

ガザンに倣って、彼の後を継いだ弟のウルジェイトも墓廟作りに熱中する。彼が自らの奥津城《おくつき》として選んだ場所も、遊牧民が好む夏の牧草地だった。スルターニーヤと呼ばれ、兄ガザンの墓のドームをも超える高いドームを持った彼の墓廟も、ガザニーヤと同様に、多くの宗教、慈善施設をともなっていた。その建設の意図が兄のものと同様であったことは、言うまでもあるまい。彼は、スルターニーヤを単なる「墓廟都市」で終わらせず、居住区を作って、国中から人々を集め、ついにこれをイルハン朝の都と定めた。墓廟を中心に建設されたこの新しい都は、何よりも自らの墓を重視し、それを飾ることに熱心な当時の支配者にとっては、究極の選択とでもいうべきものだった（図90）。

このように、マムルーク朝の場合と同様、モンゴル人の支配者もイスラムに改宗後は、自らの豪華な墓を建てるのに熱心だった。しかし、両者の墓の建て方はかなり異なっていた。マムルークがダマスクスやカイロのような既存の都市やそれに隣接した場所に自らの墓を建てたのに対して、モンゴル人は、遊牧民の好む水と草の豊かな場所に全く新しく墓を建てた。

マムルークは、マドラサを建てその中に墓を設けたが、モンゴル人は墓としてはドームに覆われた単独の建物を建てる一方、その周囲にマドラサだけではなく、モスク、救貧院、病院なども一緒に建設し、一大施設群を生み出したのである。規模や構想の雄大さだけを考えれば、イルハン朝の支配者が建てた墓の方が、マムルークのそれよりははるかに宏壮

図90　スルターニーヤのウルジェイト廟
（19世紀）

なものといえる。

とはいえ、自らの墓を重視する姿勢や、墓だけを建てずに、それとあわせて慈善用の建造物をも建てている点は、マムルーク朝とイルハン朝の支配者に共通している。一般にイスラム中世と言われるこの時期に、西アジア・イスラム世界で支配者やその周辺にいた人々が、宗教的寄進の形式を取りながらも自分たちの立派な墓を建てようと努力していたことは、この時代の人々の信仰のあり方を探る意味でも興味深い。

モスク建築とタイル装飾

十四世紀のイランでは、墓廟だけではなく、モスクも依然として活発に建て続けられた。先に記したガザンの勅令は、その証明である。例えば、イスファハーンの金曜モスクには、イルハンのウルジェイトによって、西のイーワーンの北側に典雅、優美なミフラーブを持つ礼拝室が付け加えられた。ヤズドの金曜モスク（図91）は、今日まで残るイラン型モスク建築の傑作の一つである。

単に、モスクの建築が継続的に行なわれただけではなく、そこにはその後のイラン型モスクの特徴として欠くことのできない一つの大きな技術革新が見られた。それは、彩釉タイルを利用して、モスクの壁面をモザイク状に美しく飾る装飾法の発明である。それまでのイランのモスクや宗教建築は、煉瓦で建てられ、その外壁面は、煉瓦の積み重ね方の相違によって生じる凹凸を利用した幾何学的陰影や、表面に塗った漆喰に浮き彫り細工を施したスタッコと呼ばれる技法などによって装飾されてきた。それはそれで大層繊細で微妙で優雅な美しい装飾だった。しかし、それはどこまでもモノクロームによる装飾だった。これに対して、彩釉タイルを用いることによって、壁面は一挙にポリクローム化された。それは、あたかも最近私たちの身近に起こった白黒写真からカラー写真へ、白黒テレビからカラーテレビへの変化に匹敵するような新鮮な驚きを当時の人々に与えたに違いない。

図91　ヤズドの金曜モスク

と言っても、壁面がある時突然タイルによって覆われたわけではない。初めのうちは、煉瓦の壁面のところどころにアクセント的に濃青や淡青のタイルがはめ込まれていただけである。それでも、煉瓦の土色とタイルの青色が互いに共鳴しあって作り出す独特の色彩のハーモニーは、それまでの土色だけのモノトーンと比較すると、全く違った装飾効果を持っただろう。このような装飾を持った建物は、すでに十二世紀のうちに建てられるようになったのではないか、と考えられている。コンヤ、シヴァスなど、トルコの中部アナトリアの諸都市には、十三世紀に建てられたこの種の装飾を持つマドラサがいくつか残っている。

彩釉タイルによって建物の壁面を一定以上装飾するためには、同色のタイルが大量に必要となる。それには、窯の温度を一定に保ちタイルを同じ色に焼き上げる高度な技術がともなわなければならない。中部イランのカーシャーンの町は、このような技術に優れ、近くで採れるコバルトを使用して良質の青色タイルを生産することで知られていた。このため、十四世紀に入って各地で生産されるようになる青色タイルは、カーシャーン製を意味するカーシーという語で呼ばれた。

タイルを焼く技術とともに、青、黄、赤、緑、白など様々な色のタイルを適当な形にカットして組み合わせ、複雑な文様を作り出すモザイクの技法も次第に発達してきた。そして十四世紀の初頭には、ついに外壁面やドームのほとんど全体がタイル装飾によって覆われた建物が出現する。先に述べたガザニーヤやスルターニーヤの建築群がその好例である。ガザニーヤは、今日全くその姿を消してしまったが、往時の様子を描いた絵によってその表面がタイルで飾られていたことが分かる。また、スルターニーヤの墓廟は、かなり崩れてはいるものの、今日まで残り、モンゴル時代の高度な建築技術、装飾技法を理解するための格好の資料となっている。

これ以後、イランを中心とした地域のモスクは、タイルで装飾されるのが一般的となる。十二世紀に生まれた四イーワーンとドームを主要な特徴とするイラン型モスクは、第二段階に入って彩釉タイルによる装飾という新しい要素を加え、ここに今日にまでつながるその独特のスタイルの基本を完成させた。

イラン型モスクと東方イスラム世界

彩釉タイルによる装飾は、その後イランを中心としてその周囲の広い世界に広がった。その範囲は、東では、アム川を越えた中央アジアの西トルキスタン（今日のウズベキスタン、タジキスタン、カザフスタン、キルギス、トルクメニスタン各共和国）やアフガニスタン、西はイラクやアナトリア高原東部に及んだ。この地域のモスクには、四イーワーンやドームも同様に普及したから、いわゆるイラン型モスクは、現在のイランよりもはるかに広い範囲で建てられていたわけである。

今日では、この地域は、イスラム世界という共通点はあるにせよ、政治的にも経済的にも、また文化的にも一つの地域とは見なしにくい。言語的に見ても、これらの国々における国語は、ペルシア語、トルコ語、アラビア語など多岐に亘り、共通語は存在しない。しかし、イラン型モスクが盛んに建設されたモンゴル時代（十三世紀）から十六～十七世紀頃までは、この地域には、モスクの様式以外にも多くの共通した特徴が見られた。

まず、政治体制の面では、強大な軍事力を持つトルコ・モンゴル系の遊牧民が、行政に長けた現地のイラン系有力者を取り込んで政権を作っていた。イルハン朝や十五世紀のティームール朝、白羊朝（トルコ系の遊牧民が建て、イラン西部から東アナトリアにかけての地域を支配した王朝）、それに十六世紀のサファヴィー朝などは、それぞれ程度に差はあるものの、基本的にはこの政治体制を持っていた。本筋から外れるため、あまり多くは記せないが、ごく簡単にこの体制の特徴を述べると、遊牧民の族長に封土が与えられ、その意味で地方分権的傾向が強かったこと、遊牧民政権の頂点にあるハンまたはそれに類する地位をめぐる争いが激しく、国家が長続きしなかったこと、国家の主要な官職は武官系、文官系に分かれ、主に遊牧民の有力者が武官系、都市定住民の有力者が文官系の職を占めたことなどが挙げられる。

遊牧民が政治権力を握ったために、彼らの好む文化が発達したことも、この地域に共通する特徴である。例えば、庭園文化の発達がそうである。都市の周辺に作られた水と緑に溢れたバーグと呼ばれる庭園は、遊牧系の貴族たちの趣味に合致し、彼らが都市を訪れた時には、ここに天幕を張って滞在するのが常だった。

また、この地域では、公用語としてペルシア語が通用し、公文書や年代記、文学作品などがペルシア語で記された。今日のイラクではアラビア語が公用語だが、十六〜十七世紀までは、この地はイランに根拠を置く政権の支配下にあることが多く、アラビア語の他にペルシア語が通用していた。また、中央アジアの西トルキスタンでもペルシア語が使用された。ペルシア語文化圏は現在とは比べものにならないほどの大きな範囲に広がっていたのである。

このように、いくつかの共通の特徴を持ったこの地域は、イルハン朝の時代から一定の期間の間、一つの歴史世界を形作っていたと考えられる。逆にいえば、だからこそ、その世界の中に、彩釉タイルで飾られた四イーワーン・ドーム型のモスクが一様に広がったとも言えよう。

この歴史世界は、マムルーク朝治下のシリア・エジプトやその西の北アフリカ・イベリア半島と並んで、イスラム世界というさらに大きな歴史世界を構成する要素の一つだった。この世界をどのように呼ぶかは難しい。イラン世界とすると、今日のイランの領域を想定して、実際より狭い範囲に限定して捉えられてしまう恐れがある。また、この地域でトルコ人が果たした役割を無視することになりかねない。そこで、ここでは「東方イスラム世界」という語を用いることにする。この語を用いると、中国や東南アジアのイスラム圏はどうなるのかという批判が提出されようが、十世紀以前にイスラム化した地域の中での東方という意味であること、他に適当な用語がないこと、この世界が成立した十三世紀の段階では、この地域をこのように呼んでもあながち誤りとは言えないことから、ひとまずこの言葉を使用することをお認めいただきたい。「東方イスラム世界」に対応して、シリア・エジプト及びアラビア半島を「中央イスラム世界」、北アフリカ・イベリア半島を「西方イスラム世界」と呼んでおこう。

もっとも、私は、西アジアから北アフリカにかけての当時のイスラム世界が、はっきりとこの三つのサブ地域に分かれていたと主張しているのではない。これらの地域の境界では双方の文化圏の影響が見られた。これらの地域自体もさらに細かい地域に分けて考えることができよう。時代によってそれぞれの地域の範囲も動いていた。また、アナトリアのように、「東方イスラム世界」と「中央イスラム世界」の両方から影響を受け、そのどちらにも属さない独自の文化圏を形成しつつある地域もあった。要は、イスラム世界全体を一つのものとせず、十世紀から十五世紀頃までは、少なくとも三つの地域に分けて考えた方が、その歴史や文化の流れをよりよく理解できるということである。

上で一応東方イスラム世界のおおよその範囲を記したが、実はこの文化圏の東側や北側の境界線はあまりはっきりと引くことができない。現在のアフガニスタン東部や西トルキスタンは時代によってこの世界の強い影響をうけたり、この世界から離れたりするように見える。

　これに対して、西の境界線は比較的はっきりしている。アナトリア高原から流れだし、ペルシア湾に注ぐユーフラテス川がほぼそれにあたる。この線の東側では、彩釉タイルで美しく装飾された建築物が数多く建てられたのに対して、西側、すなわちシリアやアナトリア西部では、その種の建築物はほとんど建てられなかった。政治的にも、この線を境にして、東側はイルハン朝をはじめとするイランに本拠地を置く政権の領域、西側はマムルーク朝領となっていた。イスラム以前の時代にも、ローマ帝国とパルティアやビザンツ帝国とササン朝は、ユーフラテス川を境にして互いに相争っていた。ユーフラテス川は、時代を問わず、政治的にも、文化的にも、西と東を分ける大きな境界線だったのである。

　先に、イランに起源をもつイーワーンが、シリア以西にも伝わり、マドラサなどの宗教施設だけではなく、一般の人々の住宅にも適用されたと述べた。しかし、それとは対照的に、ドームや中庭の壁など建物の外側を彩釉タイルで飾るという手法は、ユーフラテス川を境にして、それより西のシリアやエジプトでは主流とならなかった。これらの地域では、なぜタイルが流行しなかったのだろう。アラブ人の色彩感覚、美的感覚がイラン系の人々とは異なっているということなのだろうか。それにしては、さらに西方のもう一つのアラブ圏である北アフリカ、特にモロッコでは、建物を美しいタイルで装飾する手法が発達した。シリアやエジプトの気候、風土がタイルに適さないのだろうか。それともこれらの地域では良質のタイルを焼く技術が発達しなかったのだろうか。今後是非考えてみたい問題である。

いずれにしても、モスクの表面を飾るタイル装飾は、東方イスラム世界に独自の特徴として発展していく。そうして、十四世紀末から十五世紀になると、青を基調とするタイルがモザイク状に組み合わされ、幾何学的な美しい模様を作り出す、多くの傑作が生み出されるようになるのである。

5 ルーム・セルジューク朝のモスク

今日のトルコ共和国領の大部分を占める小アジア・アナトリア高原には、七世紀以来、アラブ人ムスリムが再三侵入を試みたが、その都度ビザンツ帝国の堅い守りにはねかえされてきた。十一世紀の半ばまでは、この地は依然としてキリスト教世界に属し、住民の多くはギリシア語を話しギリシア正教の信仰を持つ人々だった。アナトリア東部にはアルメニア系、クルド系の人々も住んでいたが、今日この高原の住民の大半を占めるトルコ系ムスリムの姿はまだ見えなかった。彼らが東方のイラン方面からアナトリアにその姿を現わすのは、十一世紀も半ばを過ぎてからのことである。一〇七一年に、アナトリア東部のマラーズギルドでビザンツ軍を破り、その東部防衛線を突破したトルコ系の人々は、大挙してアナトリアを西に向かった。そして、まもなくセルジューク家の一族がコンヤを根拠地として独立政権を建てる。これがいわゆるルーム・セルジューク朝である。これ以後、アナトリアのトルコ化、イスラム化が徐々に進展していく。

トルコ系の人々が大量に流入し、現地住民の中からもイスラムに改宗する者が出て来ると、アナトリアの都市にも次々とモスクが建設されるようになる。また、モスク以外にも、マドラサ、キャラヴァンサライ（隊商宿）、墓廟など多くの建築物が建てられ、十二世紀から十三世紀にかけてのアナトリアは一種の建設ラッシュの時代を迎えることになった。今日アナトリアの諸都市を訪れると、この時代に建てられた立派な建物がなおかなりの数見られ、当時の社会的、経済的な活況を偲ぶことができる。

トルコ化、イスラム化が始まったばかりのアナトリアに建てられたモスクには、様々な形式が混じりあって存在していた。シリアからやってきた職人が中心になって建てたモスクには、シリアのモスク建築の強い影響が見られる。例えば、ディヤールバクルのウル・ジャーミー（大モスク）には、明らかに、ダマスクスのウマイヤ・モスクの影響を見て取れる（図92）。シヴァスのウル・ジャーミーは、中庭を持たないものの、その礼拝室に列柱が何重にも並んでいる様は、アラブ世界の古典型モスクを思わせる。これに対して、イラン方面からの職人が建てたモスクには、イーワーンのようなイラン的な特徴を持つもの

図92　ディヤールバクルのウル・ジャーミー

が多い。

　まだ、ルーム・セルジューク朝独自の形式ができ上がっていなかったとも言えるし、逆にこのような雑然とした新開地的な雰囲気が、ルーム・セルジューク朝のスタイルなのだと考えることもできる。十三世紀になると、特にマドラサやキャラヴァンサライには、ルーム・セルジューク朝様式と総称されるようなある程度共通の建築形式を持つものが多くなる。しかし、モスクは、最後までその建設された地域によって様々な形式のものが建てられ続けた。もっとも、アナトリアの気候、風土に適応した建物を建てる努力は常になされていた。ここでは、ルーム・セルジューク朝時代のモスクの一つの例としてディヴリーのモスクを取り上げ、その特徴を説明することにしよう。

ディヴリーのウル・ジャーミー

アナトリア高原の中央、シヴァスの町から南東へ一五〇キロほど行った山あいに、ディヴリーという緑に囲まれた小さな田舎町がある。アナトリアのどこにでもありそうなこの静かな美しい町の名は、そこにあるウル・ジャーミーによって、イスラム建築史の分野ではよく知られている。ウル・ジャーミーとはトルコ語で大モスクを意味し、町一番の大きなモスクを指してしばしば用いられる。イランの「金曜モスク」という語に近いニュアンスを持っていると考えてよいだろう。すべての町に必ず存在するわけではないが、特に十二～十四世紀にトルコ人の進出とともにイスラム化したアナトリアの町にはこの名のモスクがよく見られる。

ディヴリーのウル・ジャーミーは、今日では町外れに近い旧市街の小高い丘の上にある（図93、94）。外から見ると一つの建築に見えるこの建物は、モスクの他に病院（ダール＝アル＝シファー）部分をも含んでいる。本来のモスクの部分は、三三×四五メートルの大きさで、西側に一つ、北側に一つ、そして東側に一つの入口を持っている。中庭はなく、列柱によって屋根が支えられているが、そのほぼ中央に、やや楕円形のドームが乗っている。このドームの部分は、創建時には吹抜けになっていたと考えられている。

残された銘文によれば、このモスクの建造年代は一二二八～二九年。イランにモンゴル

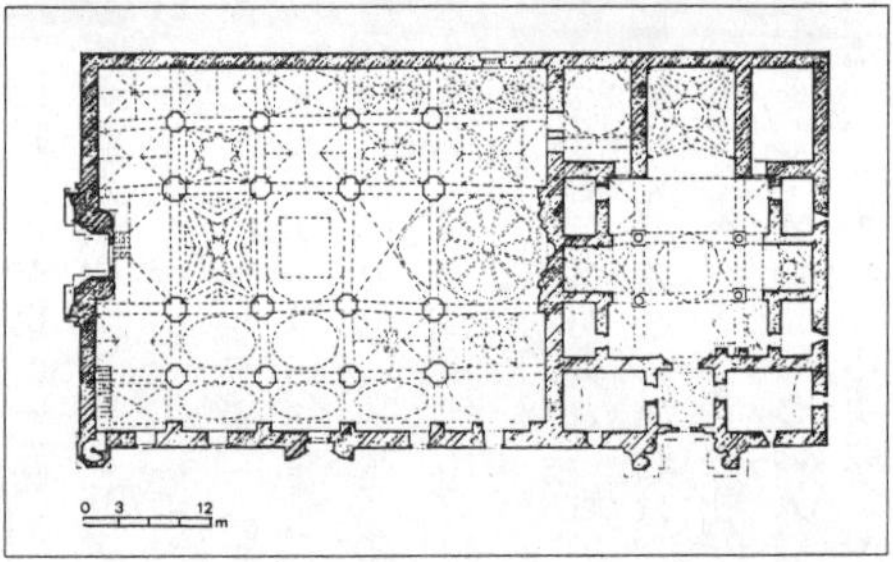

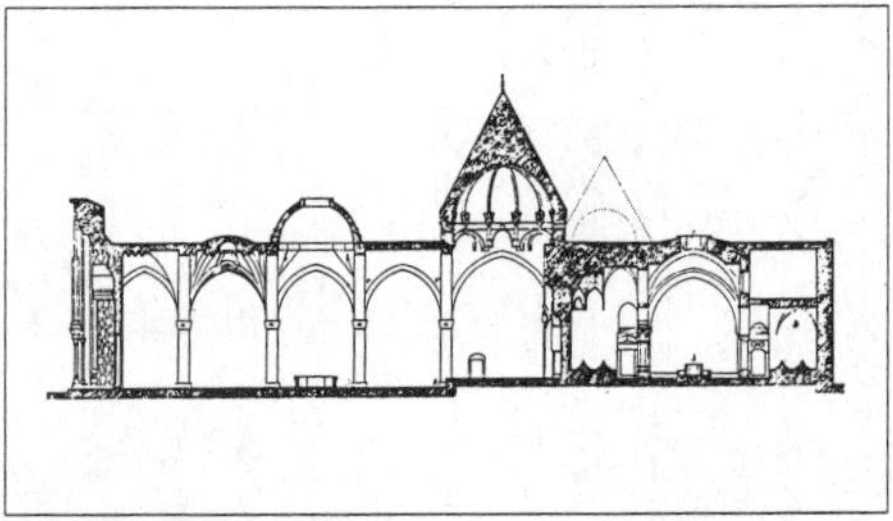

図93，94　ディヴリーのウル・ジャーミーの全景（▲）。その平面図と立面図（▼）

軍が侵入した直後である。建造者はこの町を根拠地にしていたトルコ系の有力者、マングジャク家のアフマド・シャーである。隣接した病院はその妻によって同じ時に建てられた。建設を実地で担当した技術者の名前も何人か知られており、その出身地はディヴリーからさらに東方のアルメニアにあるアフラートやジョージアのティフリス（トビリシ）だった。

さて、このモスクの特徴は、大きく二つにまとめることができる。第一は、病院の入口も含めた西の二つと北の一つの入口正面の壁面（ファサード）とそこに見られる華麗な浮き彫り装飾文様である。そして第二に、天井のヴォールトとその中央部の吹抜けである。

図95　ディヴリーのウル・ジャーミー入口正面ファサードとその装飾

このうちでも、第一の特徴である入口正面とその華麗な装飾（図95）は、特筆すべきものである。すでに述べたように、イスラム初期から九世紀頃までの古典型モスクの場合には、中庭や礼拝室などの内部へ通じる入口や建物の外壁を美しく装飾するという考え方はなかった。中庭に面した壁や列柱は周到に装飾された建物でも、外側は総じて非常にそっけない。それに対してこのモスクの場合には、内部のミフラーブや天井の装飾もさることながら、建物への入口にやや過剰だとも思えるほどの装飾が施されているのである。このモスクは、明らかに外向きの顔を持っている。

北向きの入口正面の壁面（ファサード）は、その左右の壁面よりやや前方に張り出し、高さはかなり高くなっている。この建物が建設されるよりおよそ一〇〇年前からイランで流行していたイーワーンの様式がそこにはっきりと見て取れる。この時代、イランとアナトリアが政治的のみならず、文化的にも密接なつながりを持っていた証拠である。ルーム・セルジューク朝の宮廷で書き残された文献が、ほとんどペルシア語であることもその事実を物語っている。ただし、デザインは似ているが、用いられている建築素材は異なっている。イランでは原則として、日乾し煉瓦や焼き煉瓦などが用いられたのに対して、アナトリアでは石材が使われているからである。

入口のファサードの浮き彫り装飾は、立体的でしかも動的である。内外の研究者は、このディヴリー独特の様式を「イスラムのバロック」と呼んでいるが、その沸きたつような、ダイナミックな動きをともなった装飾を見ると、この表現もあながち無理ではないように思える。

また、西側のファサードの横向きの見えにくい位置には、鷲のような鳥のモチーフが見られる（図96）。偶像崇拝につながるような人物や動物などの具体的な像が、モスクに描かれることは、きわめて珍しい。偶像崇拝を厳しく戒めるイスラムの教えに反するかのようなこの種の装飾モチーフは、モスクだけに限らずルーム・セルジューク朝時代の建築にしばしば見いだされる著しい特徴である。

装飾のモチーフとされたのは、遊牧トルコ族のトーテムとも考えられる動物だけではない。ルーム・セルジューク朝の都コンヤから一五〇キロほど離れた美しい湖のほとりに建てられた宮殿（クバーダーバード宮）跡からは、スルタンや貴人と思われる人物の顔が描かれたタイルも多数出土している。この時代のアナトリアでは、このようにしばしば偶像が描かれている。これは、支配者であるトルコ人がイスラム化してから日が浅く、彼ら独自の生活習慣、美意識を依然根強く持っていたこと、アナトリア自体がトルコ人によって新しくイスラム世界に編入された地域であり、イスラムの伝統や慣習を知る人々の数が限られていたことなどによるのだろう。

図96　西側ファサードに見える鳥のモチーフ

ところで、このディヴリーのモス

クは中庭を持っていない。古典型のモスクが中庭と列柱式の回廊をその最大の建築的特徴としていたことは、すでに繰り返し述べた。また、当時のイランでも、モスク建築の基本は四イーワーン中庭型であった。モスクと中庭は、イスラムの誕生以来四〇〇年を経て、切っても切れない仲になっていたと考えられる。従って、町の地区の小さなモスクを別にすれば、当時イスラム世界で中庭のないモスクは、相当珍しかったはずである。ところが、ディヴリーに限らず、アナトリアで同じ頃建てられたモスクには、ほとんど中庭がない。これはどのように考えればよいのだろうか。

象徴性、表象性、芸術性を抜きにして、実用的な面に限って考えると、元来、モスクにおける中庭は、採光、通風に大きな効果を持っていた。乾燥気候帯に属するアラブやイラン世界では、夏の暑さが厳しい時期でも、日光があたらない側の回廊に座れば、ひんやりとした風が通って、一刻、暑さを忘れることができる。中庭は、モスク空間の快適性を維持するために欠くことのできないものだった。

ところが、アナトリアの場合は、夏の暑さもかなりのものではあるが、それよりも冬の寒さが非常に厳しく、雨や雪もよく降る。このような気候のもとで、中庭のあるモスクを建てれば、冬場は寒気や雪が礼拝室内部に吹き込み、礼拝どころではなくなるに違いない。

ディヴリーのモスクの碑銘にも記されているように、ルーム・セルジューク朝期の建築を実際に担当したのはアルメニア人である場合が多かった。この地方に古くから住んでいた彼らは、冬の厳しい気候に対応できる石造りの堅牢な建物を建てる技術に優れていた。今日まで残る多くのアルメニアの教会堂の建築は、そのことを証明している。気候を熟知しているアルメニア人が建てたと考えれば、アナトリア独特の中庭のないモスク建築の謎も、たちどころに氷解するだろう。

もっとも、中庭がなければ、寒さはしのげるにしても、逆に採光の問題が生じてくる。これを解決するために採用されたのが、礼拝室中央の吹抜けだった。決して十分な大きさではないが、天井に開いたこの穴によって、室内はかなり明るくなる。雨や雪もこの程度の穴から降り込む分にはさほどのことはなかったのだろう。ある意味では、この吹抜けが、従来のモスクの中庭の役割をはたしていたとも言えよう。

このように、初期イスラム時代からのモスクという器に、イラン的要素、トルコ的要素、アルメニア的要素などが流れ込み、それらがなお自らを主張しながらも混じりあって、溶けあっているのがディヴリーのモスクだと言えよう。それは、そのまま、ルーム・セルジューク朝期のモスク一般にもあてはまる。さらに、この時代の建築一般にも同様の傾向が見られるのである。

十二〜十三世紀のアナトリアでは、驚くほど多くの建物が建てられた。ブルサ、エディルネ、イスタンブルという歴代のオスマン朝の都を別にして、それ以外のアナトリアの都市を今日訪れると、オスマン朝期の建築よりも、ルーム・セルジューク朝期の建築の方が目立つほどである。また、町と町をつなぐ街道筋には必ずといってよいほどセルジューク朝期の立派なキャラヴァンサライが目につく。アナトリアの町は、十二～十三世紀に新しくイスラム化されたため、モスク、マドラサ、キャラヴァンサライ、ハンマーム（公衆浴場）などイスラム世界の町が当然備えるべき建物を欠いていた。このためこれらの建物がまとめて建てられた、とも考えられる。

それにしても、この時期に建てられた建物の数の多さとその質の高さは圧巻だ。同じ時期に複数の建築がアナトリアの各地で行なわれていた。当時のアナトリアは、これだけの建設ラッシュを可能にする財力と多数の優秀な技術者を持っていたことになる。イスラム世界の各地から新天地を求める人々が多数流入し、新しく開拓された土地には、熱気と活気が満ちあふれていたに違いない。

翻って考えると、アナトリアのルーム・セルジューク朝はこれまでイスラム世界の歴史叙述で必ずしも正当な評価を受けてこなかったように思える。アナトリアのイスラム化、トルコ化に貢献したという点を別にすれば、政治史的には、十字軍に蹂躙された王朝、モンゴルの属国となった国家というマイナスのイメージが常につきまとっていた。しかし、彼らの時代に建てられた建造物の力強さは、このようなイメージをぬぐい去るのに十分である。イスラム世界の新開地としての視点からルーム・セルジューク朝史をもう一度見直してみる価値は十分にある。

5　光輝の時代――十五〜十七世紀

1　スレイマン・モスクとオスマン朝のモスク

十五世紀の半ばにビザンツ帝国を滅ぼしその都コンスタンティノープルを手に入れたオスマン朝は、その後一世紀以上に亘って、大いなる発展を遂げ、十六世紀にはヨーロッパ、アジアの両方に広大な領土を有する大帝国へと成長した。イスラム世界史の枠組みの中で考えると、この王朝が、十六世紀の初めにマムルーク朝を滅ぼして、エジプト、シリアを領有したこと、モロッコを除く北アフリカを征服したことが、まず特筆されるべきだろう。当時のイスラム世界を構成していた東方、中央、西方の三つのサブ地域のうちの二つの大部分が、そのいずれに属するとも言い難い北の辺境に興った一つの王朝に呑込まれることになったからである。オスマン朝の登場によって、イスラム世界の歴史は大きな転換期を迎えることになった（図97）。このような政治史的な変化は、モスク建築にどのような影響を及ぼしているのだろうか。

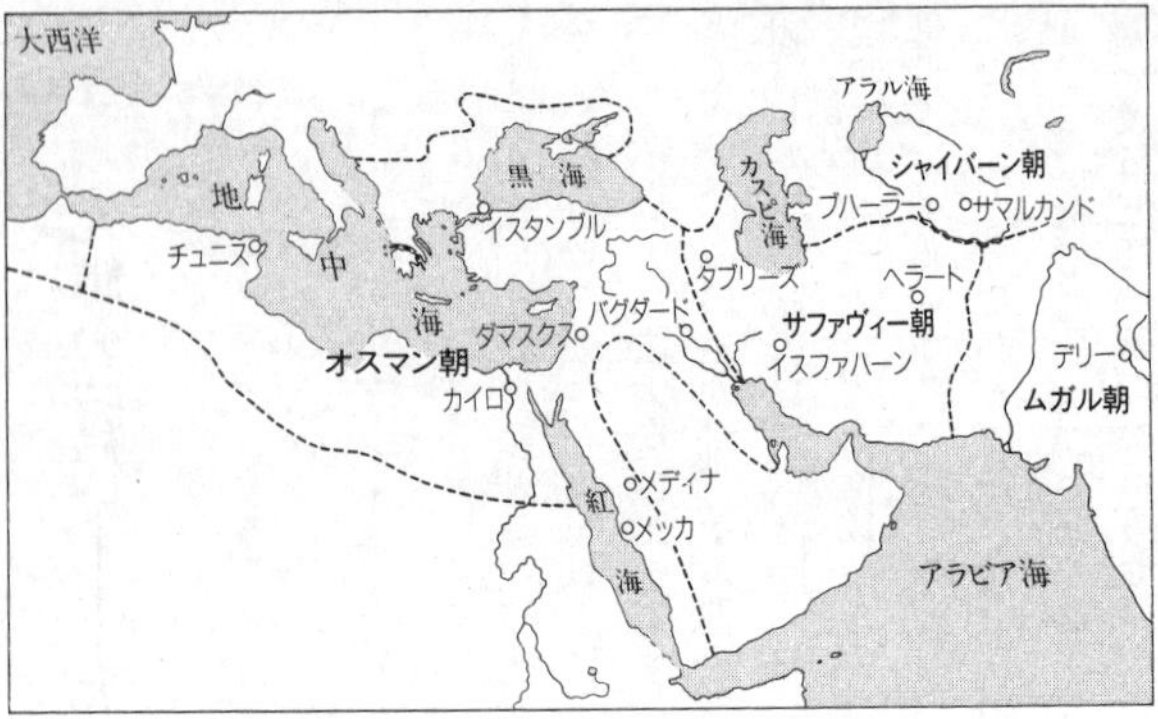

図97　16世紀のイスラム世界

四〇〇年以上に亘ってオスマン朝の都だったトルコのイスタンブル（ビザンツの旧都コンスタンティノープルのこと、征服後こう呼ばれることが多くなった）には、数多くのモスクがある。金角湾を隔ててイスタンブル旧市街と向かい合って立つガラタ塔からは、オスマン朝のモスクに特有の大きなドームとそれを取り巻くようにして屹立する細く高いミナレットがいくつも眺められ、なかなかの壮観である。なかでもスレイマン・モスクは、そのドームの高さ、大きさと建築全体が持つ迫力で際だっている（図98）。このモスクは、十六世紀中葉にオスマン朝の最盛期を現出したスルタン、スレイマン一世（在位一五二〇～六六）が建立を命じたもので、一五五〇年に建設が開始され、七年の歳月を要して一五五七年に完成した。後世になって振り返るなら、オスマン朝が偉大なる国家としての道

図98　金角湾の対岸から見たスレイマン・モスク

を歩み、頂点に上り詰めたまさにその時に、このモスクが建設されたことになる。このモスクの豪壮さ、雄渾さは、当時の世界におけるオスマン朝の立場を如実に反映しているのだ。

大建築家シナン

建築史的に見ると、スレイマン・モスクが建設された十六世紀の中葉は、十五世紀前半に現われたオスマン朝モスク建築の新しい傾向がすっかり定着し、傑作が次々と生み出されていった時期にあたる。その中心にいた人物は、不世出の天才的建築家として名高いシナンである（図99）。スレイマン・モスクも彼の会心作の一つである。スレイマン・モスクについて述べる前に、まずこのシナンという巨匠の生涯と作品について簡単にまとめて

図99　シナンの傑作の一つ、セリミーエ・モスクと彼の像（エディルネ、トルコ）

おこう。

シナンの出生地については諸説があるが、最近のトルコでの研究によると、彼は、一四九〇年代末に、中部アナトリアのカイセリでキリスト教徒の家に生まれたという。まだ十代の少年の頃に、キリスト教徒の子弟を徴集して常備軍団イェニチェリの兵士を補充するためのデヴシルメと呼ばれる制度によって都のイスタンブルに出、スルタン・セリム一世（在位一五一二～二〇）の宮廷に仕えることになった。一定の訓練期間を経て正規のイェニチェリとなった彼は、続くスレイマン一世の時代になると、ロードス島征服（一五二二）、ウィーン包囲（一五二九）、イラク遠征（一五三三～三四）など、このスルタンの活発な軍事行動に従って各地を転戦し、橋などを作る工兵部隊の一員として頭角を現わした。この度重なる遠征によって、シナンは、アジアやヨーロッパの都市を見る機会を得、それがのちの彼の建築家としての仕事に大いに役だっただろうと推測されている。

一五三〇年代になると、彼は建築家として、いくつかのモスクの設計・建設に携わるようになり、その非凡な才能は、人の注目するところとなった。そして、一五三八年には、大宰相リュトフィー＝パシャの推挙によって、宮廷の建築主任に任命された。

以後、彼は一五八八年に亡くなるまで、精力的に仕事をこなしていった。時あたかも、オスマン朝の極盛期にあたり、財政が豊かな宮廷人士からの仕事の発注は引きも切らなかった。時が彼に味方したともいえよう。同時代史料によると、彼が建設を担当した建造物の総数は四七七件にのぼる。このうち、存在が疑わしいとされるもの三一件を差し引いても、四四六件という多数である。建物の種類も、モスク、マドラサ、墓廟、隊商宿、公衆浴場、救貧院、邸宅、橋、水道など、およそ建築と名のつくものなら何でも引き受けている。建築物の分布について見れば、イスタンブルが三一九件と圧倒的に多いのは当然としても、ダマスクスやアレッポ、エルサレムなどシリア諸都市、バグダードやメッカ、メディナ、それにハンガリーのブダなど、エジプトを除く当時のオスマン朝の領域の大半に及んでいる。そのすべてについて、彼が現場に立って工事を指揮したとは思えない。宮廷の建築主任としての彼の名が利用されただけのものも含まれているだろう。それにしても、五〇年間に四〇〇件以上とは、建てても建てたりである。

スレイマン・モスクの特徴

スレイマン・モスクを語る時に注意しなければならないことは、このモスクが単独で建てられたのではない、ということである。このモスクがイスタンブル旧市街の小高い丘の上に立ち、その巨大なドームはどこからでもよく見えるため、私たちはえてして、モスクの存在だけを意識しがちである。しかし、図100を見れば分かるように、スレイマン・モスクは、一般にスレイマニエと呼ばれる複合建築物群を構成する要素のうちの一つにすぎない。スレイマン一世が命じたのは、スレイマン・モスクの建設ではなく、スレイマニエという一大建築物群の建設なのである。このことの意味は後で詳しく説明することにして、とりあえず、モスク自体の建築としての特徴をまとめておこう。

スレイマン・モスクの特徴の第一は、何と言ってもその大きなドームである。ドームの直径は二六・二メートル、高さは四九・五メートルもある。この大ドームは四本の太い柱と前後からの二つの半ドームによって支えられている。半ドームがない側面には小さなドームがそれぞれ五つずつ置かれている。礼拝室は、全体として六一×七〇メートルの広さを誇る。外から見ると、中心にある大きなドームを小さなドームが支えるように取り囲み、全体が一つになって見事なバランスを保っている（図101）。

前章までに述べてきたように、オスマン朝時代に至るまでのモスク建築は、さほど外観を気にして建てられていたわけではない。初期のモスクは、むしろ皆中庭からの眺めを第一に考えて設計されていた。建物の外側は、石や煉瓦が積まれただけの簡素な壁である場合が多く、特別な装飾はなされないのが普通だった。イスラム世界各地で多様なスタイルのモスクが建てられるようになる十〜十一世紀になると、モスクへの入口だけはアーチや

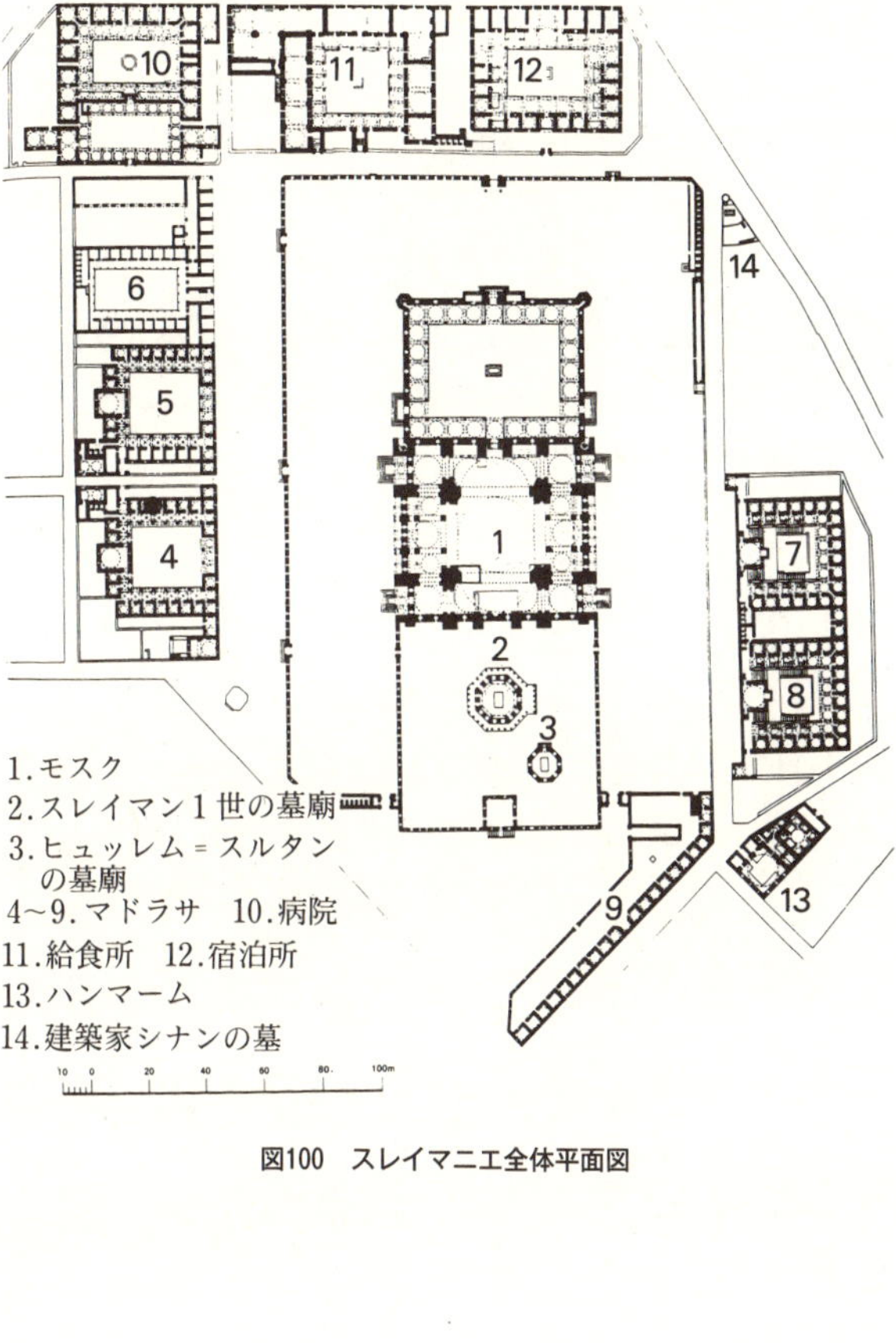

図100　スレイマニエ全体平面図

図101　スレイマン・モスクの立面図

ムカルナス（鍾乳石紋）などで装飾されるようになるが、それも入口だけのことで、モスク全体の外観への配慮は見られなかった。

スレイマン・モスクをはじめとするオスマン朝盛期のモスクは、このようなそれまでのモスク建築の伝統とははっきりと一線を画す特徴を持っていた。それは、外観の重視である。イスタンブルの場合でいうと、旧市街にいくつかある丘の頂をスルタンたちの大モスクが占めた。このため、ただでさえ高いドームを持つモスクの高さはさらに強調され、ドームやミナレットだけではなくモスクの本体までが遠くからでもよく見えた。必然的にモスク全体が外から見られることを意識して設計されることとなる。オスマン朝のモスクは、東方イスラム世界のモスクのように、ドーム、ミナレット、壁などがタイルを使って華やかに装飾されることはなく、石積みや鉛葺きのドームがそのまま露出していたが、外からの視線への配慮は行き届き、建物全体としてのバランスの良さとい

図102　聖ソフィア大聖堂

う点では、他の時代や地域のモスクと比べて図抜けた存在だった。

　大ドームを建物の中央に置くスレイマン・モスクの建築方法が、同じイスタンブルにある聖ソフィア大聖堂にヒントを得たものであることは、言うまでもあるまい（図102）。スレイマン・モスクに先だつこと約千年、五三〇年代にビザンツ帝国の皇帝ユスティニアヌスの命によって建てられたこの大聖堂は、長くコンスタンティノープルの象徴として、都を見おろしてきた。ビザンツの建築技術の粋を集めたこの大聖堂がオスマン建築に与えた影響は、計り知れないほどに大きい。それは、スレイマン・モスクより一世紀も前から、オスマン朝のモスク建築のスタイルにはっきりとその跡を刻してきた。

イスタンブル以前のオスマン朝の都であるエディルネ（ローマ時代のアドリアノープル）に一四四七年に竣工したウチュ＝シェレフェリ・モスク（図103、104）は、初めて大ドームを頂いたオスマン朝のモスクとして名高い。もっとも、このモスクのドームの重みは、六本の柱と左右に二つずつある小ドームによって支えられており、高く大きなドームという共通点はあるものの、聖ソフィアとはやや異なったスタイルを持っていた。

その意味では、一四五三年にコンスタンティノープルを征服したメフメト二世（在位一四四四〜四六、一四五一〜八一）が命じて建てさせたイスタンブルで最初の大モスク、ファーティフ（トルコ語で征服者の意味、メフメト二世の別称）・モスクこそ、聖ソフィアの影響を直接受けて建てられた初めてのモスクと言えるかもしれない。残念ながら、このモスクは、十八世紀の大地震によって大きな損傷を受け、その結果行なわれた大修理によって、その初期の姿を失ってしまった。このため、細かいところに不明な点も残されてはいるが、元来、主ドームとそれを後方から支える半ドーム、主ドームの左右にこれを補強する三つずつの小ドームからなっていたことは分かっている。スレイマン・モスクは、このファーティフ・モスクに連なる系譜の上にあることになる。大ドームの採用によって、礼拝室の内部には、遮るもののないとてつもなく大きく広い空間が出現した。いったんこの礼拝室の内部に入ると、人は自らの存在の小ささを痛いほど感じることになる。

スレイマン・モスクの第二の特徴は、第一の特徴に関連するが、その中庭の持つ意味の

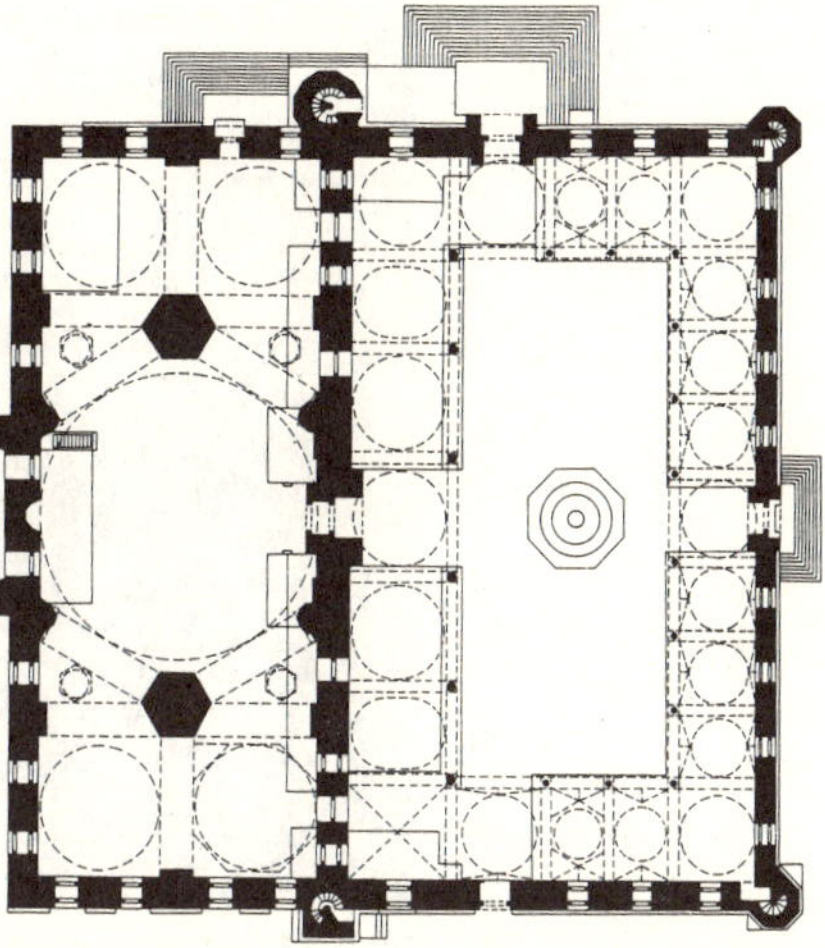

図103, 104　ウチュ＝シェレフェリ・モスクの平面図（▲）と立面図（▼）

図105　モスクの中庭と礼拝室を分ける間仕切り

小ささである。すでに繰り返し述べてきたように、古典型モスクやイラン型モスクにおいて、建物の中央に置かれた中庭は、連続するアーチ式列柱やイーワーンで取り囲まれ、美しく装飾されていた。中庭こそが、建物の中心であるという思想がそこには感じられた。これに対して、スレイマン・モスクの場合はどうだろうか。このモスクにも周囲を列柱で囲まれた中庭があることはある。その中央には水場が置かれ、古来からのモスク建築のスタイルを一応守っている。しかし、それは大ドームを頂く礼拝室の巨大さの前では、付属的な印象を免れない。中庭から礼拝室へ入る入口には、皮でできた重い間仕切りが垂らされ、中庭と礼拝室は視角的にも空間的にも完全に隔てられている（図105）。中庭と言うよりも、前庭と言う方が、この部分の性格をより的確に表わしている。スレイマン・モスクの場合には、大ドームを持つ礼拝室が主、中庭が従の関係にあることは明らかである。

そもそも、オスマン朝初期やさらに遡ったルーム・セルジューク朝期のモスクには、中庭を持たないものが多かった。これは、アナトリア高原の冬の厳しい気候を考慮したためと言われるが、古典型以来のモスクの伝統的形式からは外れた特異なスタイルだったことは否めない。それが前述のウチュ＝シェレフェリ・モスクに、中庭ないし前庭が付けられたのを契機として、以後建てられた大モスクは皆、一転して中庭を備えるようになっていく。これを、モスク本来の建築様式への回帰と捉えることもできよう。だが、これらの中庭は、かつてのようにそれ自身がモスク建築の中心となることは決してなく、大ドームを頂く礼拝室の飾りとしての役割を担ったにすぎなかった。

スレイマン・モスクの第三の特徴は、その細く尖った高い四本のミナレットである。高いものは、七六メートル、低いものでも五六メートルの高さを誇っている。ミナレットは、イスラム世界の各地、各時代ごとに様々な様式を持ったものが建てられたが、コンスタンティノープルを征服して以後のオスマン朝では、このスレイマン・モスクに見られるような細く尖った鉛筆状のミナレットが好まれた。

コンスタンティノープル征服以前の初期オスマン朝時代には、モスクに建てられるミナレットは、一本ないし二本が普通だった。それが、前述のウチュ＝シェレフェリ・モスクに四本のミナレットが建てられたのを皮切りに、スルタンの建設した大モスクには多くのミナレットが付属するようになった。スレイマン・モスクの場合は四本だが、十七世紀初めに建設されたスルタン・アフメトのモスク（通称ブルー・モスク）には、六本ものミナ

図106　シリア風ミナレットの上に付け加えられたオスマン朝風ミナレット
（ダマスクスのウマイヤ・モスク）

レットがある。

当時、六本のミナレットを持つのは、メッカのカーバ神殿だけだったため、スルタン・アフメトは、カーバの聖性を冒した、と非難されたという話がしばしば伝えられる。しかし、この話は事実に反する。バスラの大モスクは、すでに十四世紀に七本のミナレットを持っていたし、モスクではないにしてもスルターニーヤの墓廟には八本のミナレットがあった。またメッカの神殿には、すでに十六世紀のうちにスレイマン一世が七本目のオスマン風ミナレットを建てさせている。従ってスルタン・アフメトが非難される謂れは何もなかったはずなのである。ただこの話によっても、オスマン朝の世界では、ミナレットの数がその建物の宗教的な格式を決定していたということが分かる。

今日、オスマン朝の旧領土を旅すると、必ずと言ってよいほどこの様式のミナレットを持ったモスクに出会う。モスク自体の形式も大ドームを持つオスマン朝型であることが多いが、時には、古くからあるモスクのミナレットの上部に、鉛筆型の塔を付け加えたものも見かける（図106）。よくもまあこれだけ同じものばかり建てたなとも思うが、モスクの建築様式が政治権力と密接に関わっていたことを思い出せば、このステレオタイプのミナレットにも納得が行く。

ウマイヤ朝やアッバース朝のカリフの時代における古典型モスクがそうであったように、オスマン朝のスルタンのもとで政治的に統一されていた地域では、スルタンの権威と支配の正統性を表象する大ドームと鉛筆型ミナレットのモスクが存在するのがむしろ当然なのである。

複合施設群としてのスレイマニエ

スレイマン・モスクは、単独で建てられたのではない。モスクの他に、コーラン学校、六つのマドラサ、病院、食堂、宿泊施設、スレイマンやその妻の墓廟、それに公衆浴場（ハンマーム）などが、同じ敷地の中にまとめて建てられ、これらが一括してスレイマニエと呼ばれた。

このように多くの施設を墓廟とともに建設する手法が、イルハン朝時代のイランに見られたことは、前の章で述べた。イルハン朝では、君主の墓がこのような複合施設群の中心になっていたが、スレイマニエの場合には、少なくとも見かけの上では、墓はそれほど目立たない。精神的な意味はともかく、外見上の中心がモスクであることは疑いない。巨大

図107　外観を重視したスレイマン・モスク（イスタンブル）

図108　ドームと半ドームが組み合わさったスレイマン・モスクの内部天井

なモスクは、複合施設群全体の核として、スルタンの権威、力、支配の正統性などを象徴していた。

オスマン朝では、まだ都がブルサにあった十四世紀から、このような大規模な宗教・公共施設の建設が始まった。とりわけ、イスタンブルに都が移ってからは、ビザンツ末期には人口流出でさびれて活気がなくなっていたこの町を復興させ、大帝国の首都にふさわしい偉容を取り戻させるために、歴代のスルタンおよびオスマン王家に連なる人々が数多くの宗教・公共施設の建設に着手した。彼らは、このような慈善施設を建てることによって、町の発展に寄与すると同時に、自らがムスリムの保護者であり、イスラム法に従って統治を行なう正当な支配者でもあることを最も分かりやすく、目に見える形で社会に示したのだった。

このような宗教・公共施設の建設や維持、運営には当然多額の資金が必要となるが、それを保証したのが、ワクフ制度と呼ばれるイスラム世界に独特の宗教的寄進制度である。現金や不動産、徴税権などのように、収益を生む財産を所有する人が、その収益を宗教的、公共的な意味を持つ特定の慈善行為に永久に充てることを目的として、その財産の所有権の行使を停止することを、ワクフ行為という。このワクフ行為を行なう時に、収益の使い方が文書に記され、以後その人の財産から生まれる収益は、永久にその文書に定められた通りに使用されることになる。これがワクフ制度である。

もう少し具体的に説明するために、コンスタンティノープル征服後、教会から転用されて大モスクとなった聖ソフィア大聖堂の例を取り上げてみよう。この宗教施設を維持、運営することは、イスラムの教えにかない、立派な宗教的、公共的目的を持った行為である。そのためには、ここに勤めるウラマー（イスラム知識人）や清掃人、管理人らに支払う俸給や、床に敷く絨毯などの備品、蠟燭、ランプの油、香料など日常的な細々とした消耗品、さらには年月とともに傷んでくる外壁やミナレットなどの修理のための経費など様々な名目で多額の資金が必要だった。

聖ソフィアの場合には、このような資金を得るために、スルタンによって建てられた市内の市場やキャラヴァンサライの大半が寄進された。これらの施設は賃貸に出されており、毎年一定の賃貸料収入があったので、その収益が聖ソフィアの維持、運営に転用されたのである。市場やキャラヴァンサライはスルタンの自由裁量で処分することが不可能となり、永遠に聖ソフィアの維持、管理のための財源となったわけである。このような寄進行為がワクフ行為である。寄進された市場やキャラヴァンサライは、ワクフ財源と呼ばれ、寄進の対象となった聖ソフィアの建物自体は、ワクフ施設と呼ばれる。以後、ワクフ財源によって、ワクフ施設が管理、運営されることになる。

ここでまとめてワクフについて説明したために、これがオスマン朝に独特の制度だと考えられるむきもあるかもしれない。しかし、ワクフ行為によるモスクの維持、管理や運営はオスマン朝の時代にだけ行なわれたわけでは決してない。この本でこれまでに取り上げたモスクの大部分が、実はワクフ行為の恩恵を受けていた。ダマスクスのウマイヤ・モスクのような大モスクの場合には、古くからあるワクフ財源がうまく機能しなくなっても、各時代ごとの有力者がワクフ財源を追加寄進することによりモスクの維持、運営が支障なく行なわれた。モスクが建設された後も荒廃せずに営々と維持される秘密は、このようなワクフ寄進の制度によるところが大きいのである。

スレイマニエの場合には、聖ソフィアとは異なり、ワクフ施設そのものも、新しく建設された。また、モスクだけではなく、六つもあるマドラサの教授、学生、職員の俸給、病院や宿泊施設、食堂で働く職員の俸給、病院の医薬品費、食堂での毎日の食費など支出もけた違いに大きかった。そこで、スレイマン一世は、イスタンブル市内に自らが建てた店舗や公衆浴場の賃貸料、使用料と並んで、定められた農地からの税収入をも彼の名を冠した複合施設群に寄進した。このように、徴税権をワクフ財源とするという寄進の方法は、イスタンブルで初めての大複合施設群となったファーティフ施設群以来、オスマン朝のスルタンが建てた大施設群では、しばしば見られた。

スレイマニエと墓廟

さて、スレイマニエがこのような複合施設群だということを理解した上で、もう一度二

図109　スレイマンの葬儀

〇三ページの全体図（図100）を眺めてみよう。モスクをはじめ、そのほとんど大部分が慈善や宗教的な目的のための施設であることは、繰り返す必要もないだろう。そのなかで、スレイマン自身と彼の寵妃、ヒュッレム＝スルタンの墓廟だけは、やや異なった目的のために建てられたと言える（図109）。モスクをはじめ、他の建築物があまりにも巨大であるため目立たないとはいえ、この複合施設群の中に建設者スレイマンの墓があることにはやはり注意を払っておかねばならない。公的な性格が強いスレイマニエではあるが、スルタンの寄進した財産はその墓廟の維持、管理のためにも使用されていたのである。アイユーブ、マムルーク両王朝時代の墓付きマドラサほど露骨な形ではないが、スレイマニエをはじめとするオスマン朝のスルタンたちの複合施設群も、建設者の墓廟の永続的な維持、管理をその建設目的の一つとしていたことは間違いない。

　スレイマンの墓廟（図110）は、モスクの中央軸線の上に乗り、モスクの正面入口から見れば最も奥の裏庭とでもいうべき場所にある。

これまで、権力者の墓はモスクには造れないということを繰り返し述べてきた。スレイマニエの場合、墓がモスクの中にあると考えるのか、外にあるとするのかはなかなか微妙である。法学的には、建物の外にあるのだから、モスクには墓はないとされているのだろう。スルタンといえども、イスラム法学者のお墨付きがなければ、好きなところに勝手に墓を立てるわけには行かなかったからだ。しかし、私たち日本人の感覚では、墓とモスクは一体のようにも見える。

図110　スレイマンの墓廟

それはさておき、スレイマンの墓とモスクの位置関係は、はなはだ暗示的である。スレイマン・モスクのミフラーブは、東南の壁面中央にあり、大ドームの下で礼拝を行なうムスリムは、この方向へ祈りを捧げることになる。その壁の外側には、スレイマンの墓があるため、メッカの方向へ向かってひれ伏しているムスリムは、結果としてスレイマンの墓にも祈りを捧げていることになってしまうのである。また、別の見方をすれば、スレイマンが信徒の先頭に立ってメッカに祈りを捧げていると考えることもできよう。いずれにせよ、神と信徒の間にスレイマンがいることに変わりはない。

面白いことに、十五〜十六世紀にオスマン朝のスルタンたちによってイスタンブルに建てられた代表的な複合施設群においては、モスクと建設者の墓廟の位置関係はすべてスレイマニエと同じである。墓廟が必ずキブラ壁の外側にあるのである。その配置は、支配者として人々の上に立つとともに、正義と敬虔さによって、民衆を指導し、保護して行かねばならないオスマン朝のスルタンの立場を象徴的に暗示していたように思える。

2 ティームール朝とモスク

オスマン朝の登場によって、イスラム世界の政治地図は、大幅に塗り変えられることになった。しかし、イランを中心とする東方イスラム世界だけは、オスマン朝の領域に入ることはなく、政治的、文化的な意味での一貫性が見られた。この東方イスラム世界のモスクのうち、ここでは、まず、ティームール朝のモスクについて考えてみることにしよう。

十五世紀の東方イスラム世界における建築活動の中心は、東ではティームール朝の都となったサマルカンドやヘラート、西ではトルコ系の遊牧民が建てた黒羊朝や白羊朝の拠点となったタブリーズだった。タブリーズの建造物は、十六世紀以後のオスマン朝とサファヴィー朝の戦争や頻発する地震によって破壊が進み、大部分が失われてしまった。これに対して、ティームール朝の建造物は、そのかなりの数が今日まで残り、建築史家の研究対象となっている。このため、十四世紀後半から十五世紀の東方イスラム世界の建築を、「ティームール朝建築」と総称することが多い。ここでも、ティームール朝建築という言葉をその意味で用いたい。

最近のティームール朝建築についての詳細な研究によると、この時代には、個人の住宅は別にして、モスク、マドラサ、ハーンカー（神秘主義者の道場）、墓廟、聖者廟、病院、図書館、公衆浴場、それに宮殿など多くの種類の建築物が建てられた。とりわけ、マドラサの多くにその建設者である政治的有力者の墓があることは注目に値する。これが、中央イスラム世界におけるアイユーブ、マムルーク朝期の墓付きマドラサと同様の役割を果したであろうことは、容易に想像できよう。建設者本人が財産を寄進したマドラサが、ワクフ制度によって機能している限り、そこに眠る建設者は、墓のすぐ横で行なわれる学生や教授の祈りと『コーラン』の詠唱によって安らかに眠り続けることができると考えられた。また、建設者は死後も宗教的知識の普及と向上に寄与することになり、永遠に報いられると信じられたのである。

実際、ティームール朝の王族たちの多くは、マドラサに眠っている。ティームールその人が埋葬されたのも、サマルカンドのグーレ＝アミールと呼ばれるマドラサとハーンカーが一体となった複合施設の中である（図111、112）。ただし、ティームール自身は、キシュという生まれ故郷の町に埋葬された一人の聖者の墓のそばに、自らと一族のための荘厳な

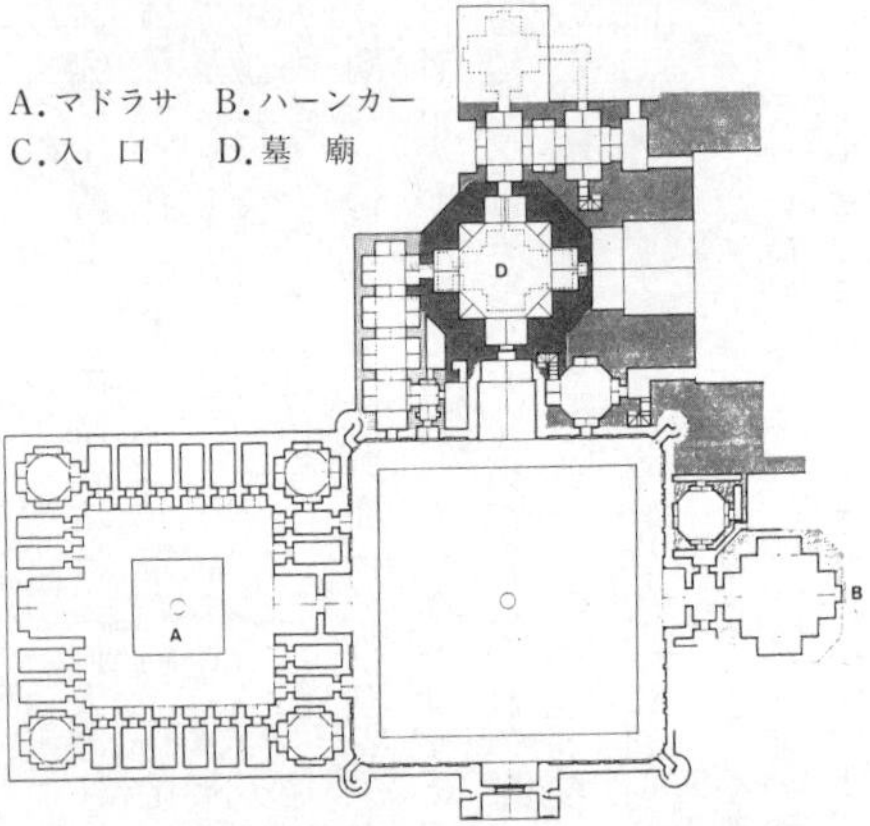

図111，112　サマルカンドのグーレ＝アミールのティームールの墓廟（▲）と平面図（▼）

墓廟を準備していたという。マドラサに墓を作るという点では、ティームール朝の王族の墓廟観は、同時期のマムルーク朝のスルタンたちのそれにかなり近かったが、同時に、聖者の墓の横に埋葬されたいという願望は、後で述べるサファヴィー朝の王たちの墓廟観を先取りしていたとも考えられ、興味深い。今日のサマルカンド郊外には、美しいタイル装飾で知られるシャーヘ＝ゼンデと呼ばれる聖者廟とそれを取り巻く墓廟群があるが、これらの建築物の多くがティームール朝期に建てられたことも、当時いかに聖者崇拝が隆盛を極めていたかを如実に物語っている。

この時代の活発な建築活動を支えたのは、王族、軍人、官僚、それにイスラム知識人だった。とりわけ、王族の貢献は大きく、墓廟などの個人的な建造物を除いた公的施設の半数は彼らの手になるものだった。彼らが建築活動に力を注いだ理由として、最近の研究では、次の四つが指摘されている。

第一は、王朝が新しく成立したことにともなって起こるその首都の拡張のために、大規模な建設事業を行なったというものである。第二には、荒廃、崩壊した建物が多く、それらを建て直す必要があったことである。荒廃、崩壊の原因としては、戦争、地震、洪水、火事、伝染病、干ばつなどが挙げられている。第三に、公共・慈善施設を建設することが、イスラム法にかなう善行であったこと、また、このような施設を建設し、そこに自己の財産を寄進すれば、没収や課税を免れ、寄進財産という形ではあるものの、それを安全に子孫に伝えることができたこと、という経済的な理由が考えられる。そして最後に、建設者自身の宗教的情熱が挙げられている。ティームールをはじめとするティームール朝の支配者は、特に聖者や神秘主義教団の長老に深く帰依しており、その純粋な宗教心が、彼らを宗教的な建造物の建設へと駆り立てたのだ、というものである。いずれももっともな理由だが、最後の四つめを除いた三つの理由は、特にティームール朝時代にだけ見られた現象とは考えられない。また、四つめの理由にしても、宗教的情熱ということだけを取り上げれば、よく似た現象がアイユーブ、マムルーク両王朝時代の中央イスラム世界でも見られたことは、すでに述べた。従って、これら以外にも、ティームール朝時代に特に建築活動が活発だったことの理由がなお探求されねばなるまい。

ビービー＝ハーヌム・モスク

ところで、マドラサの建設が盛んになり、特徴あるモスクの建築があまり見られなくなった中央イスラム世界とは異なり、ティームール朝の世界では、モスクも引き続き多数建てられた。金曜モスクだけに限っても、新しく建設されたり、建て直されたりしたものが、二九例もある。なかでも、ティームールが、サマルカンドに建設を命じた新しい金曜モスクは、その規模の大きさで知られている（図113）。

このモスクは、十九世紀末の地震によって完全な廃墟となり、今日その修復作業が行なわれている。元来の大きさは、一〇九×一六七メートルという巨大なもので、中庭に面して四つのイーワーンを持ち、南のキブラ側の大ドーム以外に、その左右の東側、西側のイーワーンの後方にもやや小さいドームを持っていた。史料によると、建物の内部では四八〇本の石柱が屋根を支え、床も石板で舗装されていたが、これらの石は、九五頭の象によってインドから運ばれてきたものだった。建物の四隅にはそれぞれ高いミナレットが立っていたという。今日に残る遺跡からも想像されるように、イーワーンや回廊、ミナレットなど建物の表面は、青を主としたタイルを使って美しく装飾されていた。東方イスラム世界のモスクの三つの特徴を備えたイラン型モスクだったと考えてよい。

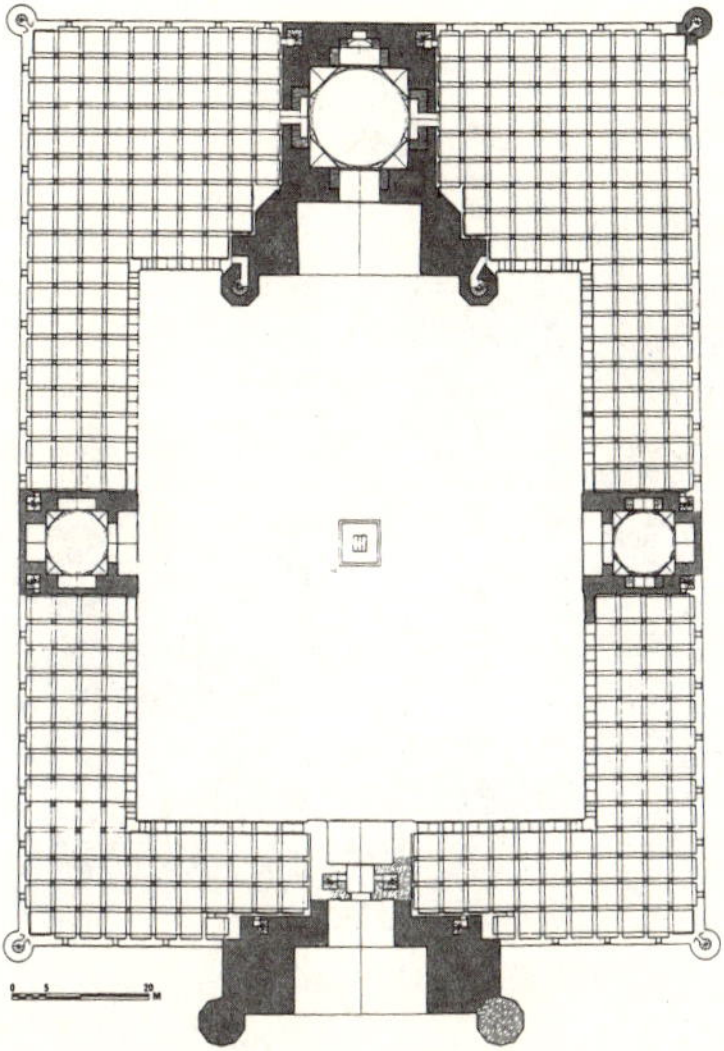

図113　サマルカンドのビービー＝ハーヌム・モスク復元平面図

ビービー＝ハーヌムと呼ばれるこのモスクは、一三九八年にインド遠征から帰ったティームールが建設を命じたのだが、十五世紀の初めにイベ

図114　ビービー＝ハーヌム・モスクの無惨な姿（19世紀撮影の写真）

リア半島のカスティリアからティームールのもとを訪れた使節、クラヴィホの伝えるところによると、モスクは完成したものの、ティームールは入口の門のイーワーンの高さが気に入らず、直ちに建て直しを命じたという。そして、自分自身で毎日のように工事現場へやってきては工事の完成を急がせたという。この報告を裏付けるように、現地調査によれば、今日に残された遺跡には、確かに建設途中に修正を施した跡が残っているとのことである。ティームールが、自らの残り少ない余命を知って、工事を急がせたからか、一四〇五年に完成したこのモスクは、まもなく傷みが目立つようになり、今日では、崩れ落ちたイーワーンのあとが、権力者のこの世での力の空しさを象徴するかのように無惨な姿を晒している（図114。ただしその後、修復された）。

さて、ティームール朝の時代に、モスクをはじめとする活発で質の高い建築活動が可能であったのは、パトロンとならんで、優秀な職人の存在があったからである。ティームールは、イランやインドへの遠征の際に、征服した土地から高名な知識人や優秀な職人を数多く故郷の西トルキスタンへ連れ帰った。上で述べたビービー＝ハーヌム・モスクの建設現場でも、二〇〇人ものアゼルバイジャン（イラン西部）、ファールス（イラン中南部）、インド出身の職人が働いていたことが記録されている。この時代の建築物に残された碑文などから名前が分かる大工、石工、タイル職人らのかなりの部分が、シーラーズ、ヤズド、イスファハーン、タブリーズなどイランの出身である。サマルカンドをはじめとする西トルキスタンの諸都市は、それまで、建築様式や技術の面で他の地域をリードしてきたとは言いにくいが、ティームールによって強制的に連行された名匠や、王朝の保護を求めて自発的にやってきた腕利き職人が集まった結果、彼の時代にはその領土の内で数々の傑作が生み出されるようになった。特に、モザイク装飾の技術は、この時代にその頂点に達したと言われるほどである。十五世紀の東方イスラム世界は、まさにティームール朝建築の時代となったのである。

3 「王のモスク」とサファヴィー朝の墓廟観

十六世紀の初め、イランに一つの新しい王朝が誕生する。サファヴィー朝である。十一世紀にセルジューク朝が成立して以来、一つの王朝が一〇〇年以上に亘ってイラン全域を支配したことは絶えてなかったが、この王朝の統治期間は、二〇〇年以上に及ぶ。しかも、その間、西では全盛期を迎えたオスマン朝、東では新興のムガル朝という強敵と対立し、これらと幾度となく争いながら、今日のイランをはるかに超える広い領域を確保したのだから、イラン史上では有数の大王朝といえよう。しかし、この王朝が、十二イマーム派(シーア派の一派)を国教として周辺の諸国家、とりわけ、中央アジアのウズベク人の王朝と対立したため、結果として、ティームール朝の時代に強化された東方イスラム世界の政治的、文化的一体性は大きく損なわれることとなった。オスマン朝の台頭によって中央、西方イスラム世界が大きな変容を蒙った十六世紀は、東方イスラム世界にとっても重大な転換期だったと言える。それでは、このサファヴィー朝の時代のモスク建築は、どのような特徴を持っているのだろうか。この王朝時代の代表的なモスクである「王のモスク」を例に考えてみよう。

イスファハーンの建設

サファヴィー朝の第五代君主、アッバース一世（在位一五八七〜一六二九）は、様々な内政、軍事改革を行なって傾きかけた国家を立て直し、それまでに失われた領土を回復した王朝の中興の祖として知られている。この王は、領土の各地で道路や橋の整備を進め、主要な道沿いには一定の距離ごとにキャラヴァンサライを建てるなど、数々の建設事業を行なった。今日のイランで、少し古い建物の起源をイラン人に尋ねると、ほとんど例外なく「シャー・アッバースの時代だ」という答えが返って来るほどである。彼の行なった事業のうちでも、最も規模が大きく重要なのが、新首都イスファハーンの建設だった（図115）。

彼は、従来から存在していたイスファハーンの旧市街と町の南を流れるザーヤンデルードの間の水と緑の豊かな土地を開発し、全く新しい町作りを始めた。都市計画のポイントは、トルコ系遊牧民に特徴的な水と緑をこよなく愛するという心性を色濃く持った王やその側近が、快適に生活できるような町の建設だった。王やその一族の居住区域では、水と緑に溢れた庭園がまず作られ、その中にあずまや風の宮殿が点在するような形に整えられた。広いまっすぐな道が縦横に走り、その間の大きな区画に重臣たちが広い庭を持った邸宅を建てた。このため、新市街は、家がたて込み、緑の少ない伝統的な都市形態を持つ旧市街とは対照的な都市景観を有することになった。

図115　アッバース１世の新首都イスファハーン。旧市街の中心であるⓐ金曜モスクⓑ古広場とは別に、周囲にⓓ「王のモスク」やⓔ王の居住区を配したⓒ「王の広場」が新首都の中心となった。

図116　シャイフ＝ルトゥフ＝アッラーのモスク

新しくできた町と旧来からの町をつなぐ場所に、有名な「王の広場」が建設された。この広場は、アッバース一世による新都建設事業の目玉ともいうべきもので、拡大した大イスファハーンの中心に位置することになった。完成した広場は、一八〇×五五〇メートルという巨大なものだった。十七世紀前半にイスファハーンを訪れたイタリア人、デッラ＝ヴァッレは、全体の統一性という点では、当時完成したばかりのバロック様式の傑作、ローマのナヴォナ広場をはるかに上回る世界有数の美しい広場であると驚嘆している（図125参照）。

二層のアーチが連続する回廊が、この広場を取り囲んでいた。その回廊の四辺の中央には、単調なアーチの連なりにア

図117 「王のモスク」の中庭に面した主礼拝室のイーワーンとドーム

クセントをつけるかのように、それぞれモニュメンタルな建造物が建てられた。西側には、王の居住区域への入口にあたり、木造の優美なバルコニーを持つアーリー＝カープー門、北側には、モザイク・タイルが美しいイーワーン型の大バーザールへの入口、東側には、ベージュを基調としたタイルで覆われた独特のスタイルのドームを頂くシャイフ＝ルトゥフ＝アッラーのモスク（図116）が置かれた。そして、南側の中央に置かれたのが、通称「王のモスク」（現在の正式名称はイマームのモスク）である。

王のモスク

このモスクは、セルジューク朝期に始まるイラン型モスクの発展の歴史の上で、その最高峰に位置する傑作である（図117）。図を参考にしながら、このモスクの特徴を解説することにしよう（図118）。

このモスクの建設は、一六一二年にアッバース一世によって命じられた。この時、「王の広場」自体は、すでにその形を整えられており、モスクは後から広場に付け加えられることとなった。広場の方向性は、モスクの軸線となるキブラとは、何の関係もなく定められていたため、新しく建設されるモスクの軸線は、広場の軸線とずれることになってしまった。このため、モスクは、広場に向かって斜めに建てられている。

広場に面する表門（図119）は、その半ドームをともなった大アーチの高さが、二七・四メートル、左右のミナレットは、四〇メートル近い高さを持つ。訪れる人を抱きしめるかのように両翼を広げたこの表門から中へ入り、前室を経てモスクの中庭に出ると、そこは表門前の広場の賑やかな雑踏がうそのように、静謐が支配する全くの別世界である。正面には、左右にバランスよくミナレットを配した主イーワーンが荘厳な姿を見せている。そのむこうには、直径が二八メートル、高さが五〇メートルを超える青いドームが優雅な曲線を描いて浮かんでいる。このドームは、いわゆるダブル・ドームの形式を採っており、

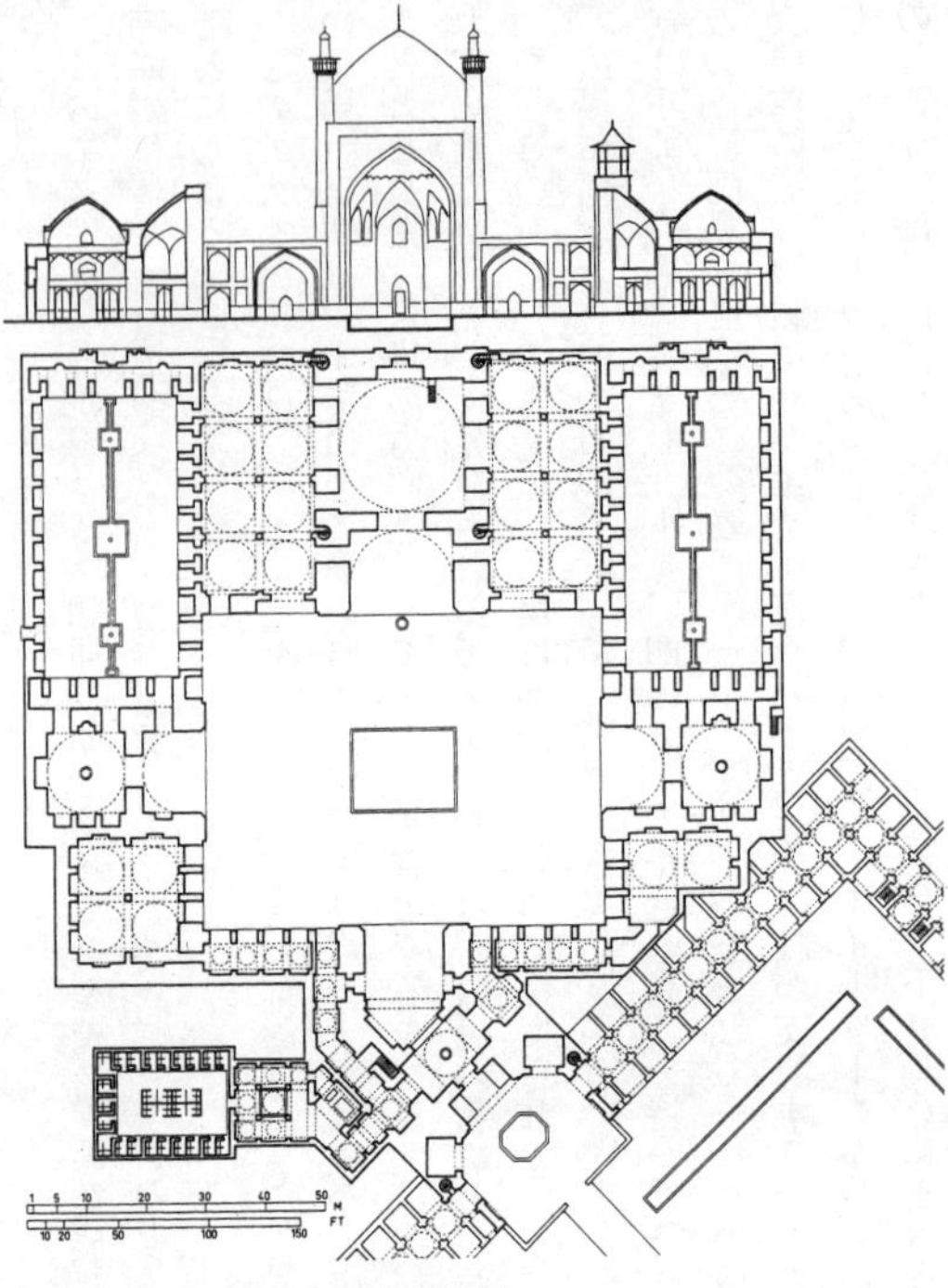

図118　王のモスクの立面図と平面図

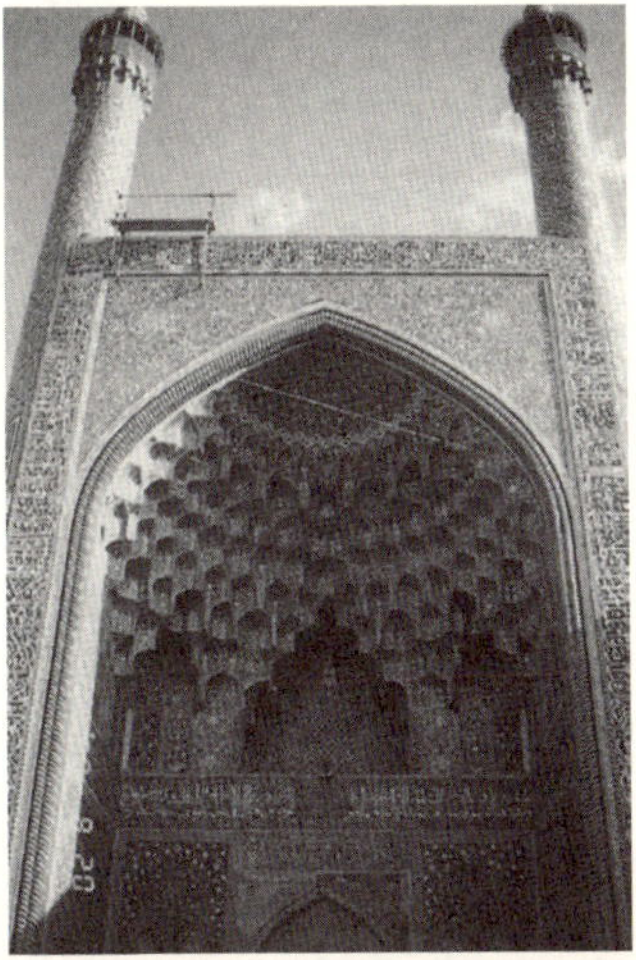

図119, 120　王のモスクの表門（▲）と櫓（▼）

礼拝室内部のドームの天井と外側のドームとの間には、約一〇メートルの高さの屋根裏空間がある。なお、このモスクをはじめとするイラン型モスクでは、キブラ側の主イーワーンの左右に角のようにミナレットが立っていることが多いが、礼拝を呼びかけるアザーンは、このミナレットからではなく、西のイーワーンの上に置かれたゴルダステという櫓（図120）からなされる。

「王のモスク」の最大の特徴と考えられるのは、タイルによる華麗な装飾である。中庭を取り巻く二層のアーチ式回廊や四つのイーワーン、さらにドームやミナレットまで、眼に入る限りのモスクの壁面は、濃青、淡青、黄を基調としたタイルの精緻な文様で覆い尽くされている。この美しい壁面が、朝のすがすがしい透き通った光と戯れてきらめき、昼の強烈で刺すような光を受けとめてわきたち、夕暮れの柔らかい茜色の光に映えて金色に輝く。それは、さながら光と色が奏でるシンフォニーである。

この豊かな色彩を生み出すタイル装飾には、大別して二つの技法が用いられている。一つは、様々な形に細工された単色のタイルを複数組み合わせて、全体として植物文様や幾何学文様を作り出すモザイクの手法である。この技法は、すでにモンゴル時代以後、モスクやマドラサの壁面を飾るのに盛んに用いられ、ティームール朝の時代には、技法上ではその頂点に達していたとも言われる。タイルを正確に打ち欠いて目的の形を作り出すには、熟練の技が要求された（図121）。

図121，122　モザイク（▲）とハフトランギー（▼）の例

もう一つは、ペルシア語でハフトランギー（七彩）と呼ばれる技法である。これは、ほぼ正方形のタイル板を何枚か集めて、ある程度の大きさの地を作り、その上に下絵を滲まないようにしながらまとめて描いてから焼き、さらに釉薬をかけてもう一度焼いたあと、焼き上がったタイル板を文様に従って壁面に張りつけていくというものである（図122）。この技法も、すでに十四世紀には知られていたが、本格的に用いられるのは、サファヴィー朝時代になってからである。テクニックとしては、モザイクの方が手間暇がかかり、高級だと考えられており、費用も余計にかかった。しかし、同じ文様をたくさん必要とする時などは、ハフトランギーの方が簡便に、しかも均一なものを作り出すことができた。

二つの技法で創り出された文様は、遠くから見ると、どちらも同じように見えるが、近くで見ると、違いは歴然としている。モザイクの場合は、色が変わる部分に必ず継目があるのに対して、ハフトランギーの場合には、正方形のタイル板が連続しており、色彩の変わる所に継目があるとは限らない。「王のモスク」の場合、正面の入口やドーム、ミナレットにはモザイク、中庭の回廊やイーワーンの部分には、ハフトランギーが用いられている。スチールランによると、「王のモスク」を覆うためには、二三×二三センチのハフトランギー・タイル板が一五〇万枚以上必要だったという。

礼拝室の内部も、ドームの頂点に至るまで、くまなくタイルで覆われている。精緻の極みとも言うべきアラベスク文様が、明りとりの窓からほのかにもれる光線によって浮かび

図123　「王のモスク」主礼拝室のドーム天井。美しいタイルに覆われている

上がっている様は、夢幻の世界を思わせる美しさである(図123)。タイル装飾を用いたモスクは、モンゴル時代以後「東方イスラム世界」で数多く建てられたが、このモスクほど素晴らしい装飾美を持ったモスクは少ない。

主礼拝室の左右には、中庭とは別の小さな庭がある。かつてはこの庭を囲んで小部屋が並び、それぞれがマドラサとして用いられていた。この部分から、ドームのある主礼拝室の方を見ると、面白いことに気づく(図124)。主礼拝室の中庭に面した部分やドームは美しい彩釉タイルで覆われているが、それ以外の部分、すなわち、マドラサ側や外側は、焼き煉瓦を積み上げたままで、一切の装飾がなされていないのである。イーワーンも中庭に面した側は、タイルで美しく装飾されているが、裏側は、素焼き煉瓦が丸だしになっている。このことは、このモスクが、何よりも中庭を中心にして設計されていることを、雄弁に物語っている。また、オスマン朝のモスクとは異なって、ドームを別にすれば、全体としての外からの眺めは、さほど意識されずに建てられたことも判明する。この点では、このモスクは、初期イスラム時代以来のモスクの伝統的なスタイルを踏襲していたといえよう。

図124　王のモスクの小庭から主礼拝室方向を望む

「王の広場」と「王のモスク」

先に述べたように、十七世紀頃までのオスマン朝では、通常大モスクは単独では存在せず、スルタンの名を冠した大規模な公共・慈善施設群を構成する建物の一つとして建設された。スレイマン・モスクがそうであるように、モスクは、公共・慈善施設群の中では、飛び抜けて巨大であり、施設群を代表する象徴的な存在だった。また、モスクのそばには、スルタンの墓廟が置かれているのが常だった。それでは、サファヴィー朝の王が建てたこの「王のモスク」の場合は、どうなのだろうか。

このモスクには、二つのマドラサが付属していたが、これらはモスクの完成当時から存在していたわけではない。アッバース一世の死後、後の王が付け加えたのである。これ以外に、モスクに付随して建てられた建造物はない。ということは、アッバース一世はこのモスクを単独で建てようとしていたということになる。もっとも、このモスクを「王の広場」という複合施設を構成する要素の一つだったと考えることはできる。その場合、「王の広場」がどのような機能を持っていたのかを知ることが、「王のモスク」の果たした役割を理解する上でぜひ必要だろう。

一口で言えば、「王の広場」(図125)は、都市の持つあらゆる機能が集中した、イスファハーンの「へそ」的な存在だった。広場の西にあるアーリー＝カープー門のバルコニーで

図125　王の広場とその周辺

は、しばしば外国使節の謁見が行なわれた。また、使節を招いての宴会も催された。このバルコニーは、広場を行進する軍隊を王が閲兵する場所であり、ポロ競技や弓くらべを見物する場所でもあった。王の布告が、門前で読み上げられ、時には処刑も行なわれた。見せしめに首や死体がさらされるのも、この門の前だった。新年の祝宴、外国からの使節の到着など特別な日には、夜になると広場を囲む回廊全体に灯がともされ、華やいだお祭りの雰囲気が創り出されることもあった。「王の広場」は、このようにまず儀礼や祝祭のための空間であり、首都の政治、行政的機能がそこに集約されていた。

広場の北には、旧市街の中心であるもう一つの広場まで続く大バーザールの入口が設けられていた。また、広場を取り巻く回廊には、宝石商、馬具商、武具商など王室と関係の深い商品を扱う商人が店を開いていた。広場の周辺には、多くのキャラヴァンサライがあり、織物や香料、金属製品などの商品が取り引きされていた。さらに、広場そのものでも、家畜から食料品まであらゆる品物を扱う青空市が開かれ、この広場全体が、都市の商業、流通の中心となっていた。

広場のあちこちで、大道芸人や軽業師が見せ物を演じていた。香具師や講談師の調子の良い声が響いていた。夕暮れどきともなると、イスファハーンの町に一万五〇〇〇人もいたといわれる娼婦たちが、男の袖を引く姿が見られた。広場は、都市の魅力の一つである娯楽を提供する場でもあったのである。

そして、広場の東と南に建てられたモスクとその周囲にあったいくつかのマドラサは、都市住民の宗教的儀礼が行なわれる場であり、都市に集中した知識が伝えられる場でもあった。

このように、「王の広場」には、都市の持つ諸機能のうち、居住機能を除く政治、経済、娯楽、知的生産などの公的な活動が集中していた。つまり、この広場は、新しく都となったイスファハーンの「表の顔」ともいうべき場所だったのである。王の威信、権力を象徴する場所だったと言い換えてもよい。

広場が、王の威厳、権力の強大さを人々に見せつける絶好の舞台だったとすれば、華麗な「王のモスク」のドームとイーワーンは、その広場の壮麗さを演出するために欠かせない舞台装置だったといえる。このモスクの建造が命じられたのが、一六一二年。それは、アッバース一世が、一〇年以上に及ぶ対オスマン、対ウズベクの失地回復戦争を勝ち抜き、得意の絶頂にあった時期である。「王のモスク」は、まさに王の栄光、偉大さを象徴する作品だったわけである。

それと同時に、人々に礼拝の場を保証するモスクの建造は、イスラム法に基づいて統治を行なう王の支配の正統性を確認する重要なモニュメントでもあった。統治者の偉大さ、栄光を象徴し、その統治の正統性を保証するという二つの点で、「王のモスク」は、スレイマン・モスクなどオスマン朝のスルタンが建設したモスクと同じ社会的役割を持っていたと言えよう。

アッバース一世の墓

「王のモスク」が、このように、アッバース一世の栄光、偉大さを誇示するための装置であったとすると、この本をここまで読み進み、イルハン朝時代以来の君主の墓廟観やオスマン朝におけるスレイマン・モスクなどの例をすでにご存じの読者の中には、これはまたきっとこの近くに王の墓があるに違いないと予想される方もあるだろう。ところが、案に相違して、アッバースの墓は、「王のモスク」のそばどころか、イスファハーンにすらないのである。それは一体なぜなのだろうか。ここで、アッバースの墓の所在についての物語を記し、イランにおける君主の墓廟観の変遷について述べてみよう。

アッバース一世の生涯を詳しく記録したある年代記によると、一六二九年初めにイラン北部のカスピ海沿岸で亡くなったアッバースの遺骸は、今日のイランの首都テヘランとイスファハーンの中間にあるカーシャーンの町まで運ばれ、その郊外にある聖者廟、ハビーブ＝イブン＝ムーサーに安置されたという。ここまでは確実なのだが、そのあとこの年代記は、「埋葬が行なわれた」と記すのみで、なぜかその具体的な場所については沈黙している。沈黙の理由ははっきりしない。あるいは、シーア派の聖地である東部イランのマシュハドに埋葬されていた祖父タフマースプ（在位一五二四～七六）の遺体が、その地に侵入してきたウズベク族によって辱められたという故事に鑑み、埋葬地が秘されたのかもしれない。いずれにせよ、アッバース一世の墓の所在は今世紀に至るまで杳として知れなかったのである。

その墓が「発見」されたのは一九三〇年代、一人のフランス人学者によってであった。場所は、上記の聖者廟、ハビーブ＝イブン＝ムーサーの建物の内である。聖者廟のことを、ペルシア語でイマームザーデと呼ぶ。「イマームの子孫」という意味である。サファヴィー朝の時代にイランで盛んに信仰されるようになったシーア派の一派、十二イマーム派の考えによると、イマームとは、特別の能力を持つイスラム世界の指導者で、具体的には、預言者ムハンマドの従兄弟、アリーの血を引く者を指す。従って、本来は、アリーの血を引く生きた聖者のことをイマームザーデと言ったはずだが、すでに十三世紀には、この言葉は、聖者の墓一般を指す術語として使われるようになっていた。

生前に様々な奇跡を起こした聖者の墓であるイマームザーデには、幸運を呼ぶ不思議な力が備わっていると信じられ、人々はそこに詣でて、不老長寿、病気の平癒、良縁や安産の祈願など様々な願かけを行なった。また、聖者のとりなしによって、死後の平安を得るために、聖者の墓のできるだけ近くに葬られることを願った。今日のイランには、町や村を問わず至るところにイマームザーデがあるが、ほとんどの場合、それは聖者の墓とその周囲の墓地からなっている。このようなイマームザーデの一つで、ハビーブ＝イブン＝ムーサーという聖者の墓のそばにアッバースの墓があったというのである。

図126　イマームザーデ内陣の黒い石棺

一九九〇年夏の調査で、私はカーシャーンの町を訪れた。件《くだん》のイマームザーデを訪ねることも目的の一つだった。かつては町の郊外だったというが、今日ではむしろ町の中心にほど近い地区に問題のイマームザーデはあった。折悪しく建物が工事中だったためということもあるが、初めて見るアッバースの墓の粗末さは、私の想像をはるかに超えていた。

工事用の資材が乱雑に積まれたイマームザーデの内陣の片隅にある黒い石棺（図126）は、ほこりにまみれ、あまつさえ工事用の軍手がその上に脱ぎ捨てられていたのである。本当にこれがアッバース大帝としてその名を東西に知られた王者の奥津城なのだろうか。イスタンブルのスレイマニエの壮麗さと比べて、私はいささか感傷的な気分にならざるをえなかった。

もっとも、これが本当にアッバースの墓かどうかは実はまだ決着がついていない。決定的な証拠となる墓碑銘があるわけではなく、文献と現地での伝聞、墓石の質などから、フランス人学者がそのように推定しただけである。しかし、ここで重要なことは、アッバースの墓の真偽ではなく、この粗末な墓がアッバースの墓であるといっても、とりたてておかしくはないという事実である。

ここまで繰り返し述べてきたように、西アジア・イスラム世界では、十一世紀にセルジューク朝が成立した頃から、政治権力者の大きな墓廟が数多く作られてきた。その頂点にあるのが、イランでは、イルハン朝のガザニーヤやスルターニーヤであろうし、シリア・エジプトでは、マムルーク朝の墓付きマドラサであろう。オスマン朝のスルタンによる公共・慈善施設群も、純然たる墓廟ではないにせよ、このようなセルジューク朝以来の墓廟建築の延長線上で考えることができる。フマーユーン廟にはじまり、タージ＝マハルに極まるインドのムガル朝による巨大な墓廟建築は、セルジューク朝以来の墓廟建設運動の一つの帰結であったと考えられる。つまり、十一世紀以後の西アジア・イスラム世界では、政治権力者のために大きな墓が作られるのが一般的だったのである。

だとすれば、いま上で挙げたムスリム君主たちと比べても遜色ない政治権力を持っていたはずのアッバース一世の墓は、巨大であっても何らおかしくない。ところが、実際は、もし、フランス人学者の推定が正しいとしても、埃まみれの黒い石棺が一つだけ、推定が誤っていれば、墓の場所さえ分からないのである。これは、それまでのムスリム君主の墓の常識からすれば、相当異常な事態である。その理由はどう考えればよいのだろうか。

イランで権力を握った歴代の王について調べてみると、独自の墓廟を持たないのは、実はアッバースだけではないことが判明する。十六世紀の初めに成立したサファヴィー朝の君主たちは、一族発祥の地、アルダビールに廟のある初代イスマーイール一世を除いては、独立した墓廟建築を建てていない。彼らは皆、マシュハド、コムなどのシーア派の聖地やイマームザーデに、シーア派の聖者の墓に寄り添うような形で葬られている。もっとも、アッバースのように、墓石一つという例はあまりなく、聖地における墓はそれなりに立派なものであったようだ。それでも、王自身の墓はあくまでも添え物であり、中心は聖者の墓であったという点で、これらの墓はそれまでの権力者の墓廟観とは全く異なった意識に基づいて建てられたといえる。前の節でティームールが聖者の墓のそばに葬られることを望んだと述べたが、そのあたりが、権力者の墓廟観の変化の発端と考えられるのかもしれない。ただし、ティームールの墓はそれ自体立派な建築であり、その点でサファヴィー朝時代の王の墓とは異なっている。

スンナ派の国家であった同時代のオスマン朝やムガル朝で、相変わらず巨大な墓廟が建てられ続けていたことを考えれば、この墓廟観の変化と、イランにおけるシーア派信仰の普及の間になんらかの関係があったことは疑いないだろう。サファヴィー朝が成立し、その政策によってシーア派の影響力が強まるとともに、権力者の巨大な墓廟は姿を消し、かわって彼らの墓は聖者廟の境内に廟の権威を高めるわき役として設けられるようになったのである。このように考えると、カーシャーンの一イマームザーデにある粗末な墓をアッバースの墓だと推定しても、それはあながち不思議なこととは言えない。この墓は、イラン社会がスンナ派からシーア派へと転向した歴史的事実を象徴するモニュメントだったのである。

4 モスクの復権

十二～十四世紀頃のイスラム世界では、宗教建築全体の中でモスク建築の持つ重要性は相当低下していたと考えられる。東方イスラム世界では、十三世紀のモンゴル時代を除いては、引き続きモスクが建てられてはいたが、中央イスラム世界や西方イスラム世界では、モスクの建築活動そのものが停滞していた。この時期、イスラム世界全体で支配者が好んで建てた宗教建築物の代表は、文句なくマドラサである。それと並んで、東方イスラム世界では、墓廟建築も盛んに建てられた。そのいずれもが、建設者の墓を含んでいたり、あるいは墓そのものであった。それ以外にも、ハーンカー、ザーウィーヤなど神秘主義者のための施設、さらには聖者廟が建てられることも多かった。モスクはこれらの多彩な宗教施設のうちの一つでしかなくなっていた。これは、宗教施設といえば、モスクしか存在しなかった十世紀以前に比べると、大きな変化である。

これに対して、本章で述べたように、十五世紀以後十七世紀頃までのイスラム世界では、新しい様式と華麗な装飾を持ったモスクが再び活発に建設されるようになる。スレイマン・モスクに代表されるオスマン朝のスルタンたちの大モスクやティームール朝、サファヴィー朝の王たちによるモスクなどがそれである。本書では触れることができなかったが、ムガル朝で新しい都、シャージャハーナーバード（今日のデリー）が建設され、そこに巨大な金曜モスクが建設されるのも、十七世紀前半、イスファハーンで「王のモスク」が建造されてほどない頃である。地域にもよるが、前の時代のモスク建築がやや精彩を欠いていたことを思うと、それは、さながら「モスクの復権」とでも呼びうるような現象であった。墓廟をともなったマドラサが流行した時代は終わり、モスクが宗教建築の中心として光を放つ時代が再び訪れたのである。

十五〜十七世紀のイスラム世界には、オスマン朝、ティームール朝、サファヴィー朝、それにムガル朝など強力な大王朝が相次いで出現した。それは、世界史がヨーロッパを中心に回り始める直前に、イスラム世界が最後の輝きを放っていた時代だった。そして、壮麗な大モスクが、これらの有力王朝の都で、それぞれの王朝の最盛期に建設されたことははなはだ示唆的である。これらの大モスクは、モスクが王権の強大さを象徴する役割を担っていたこと、モスクの建設が強大な権力の存在と深く関わっていたことを、雄弁に物語っているからである。強大な権力のないところには、壮麗なモスクもまた存在しなかったのである。

エピローグ

イスラムの勃興から十七世紀までのモスクの歩みを振り返ってみると、あらためていくつかの興味深い事実に気付く。それらをここでまとめて述べることによって、モスクの歴史をたどる旅にひとまず区切りをつけることにしよう。

まず初めに、大モスクが常にその建設者の権力の大きさを象徴するとともに、彼らの宗教的な敬虔さをも表象する役割を担って建てられたということを指摘せねばならない。この役割は、ウマイヤ朝中期の八世紀初めに、モスクが実用本位の建物から絢爛豪華な建築へと変化を遂げて以来、十七世紀に至るまで、不変だった。もちろん時代や地域によっては、モスク以外の宗教建築がこれと同じ役割を果たすこともあった。アイユーブ、マムルーク両王朝時代のマドラサはその典型的な例だろう。しかし、これらの地域でも、モスクの象徴的な機能が忘れ去られたわけではなかった。十九世紀になってから、サラーフ＝アッ＝ディーンの城塞にカイロの町を睥睨するように建てられたムハンマド＝アリーの大モスクは、そのことを如実に証明している。

政治権力が強大であればあるほど、その権力がその中心地に建設するモスクは壮麗なものになる傾向があった。アッバース朝の円熟期に建設されたサーマッラーの二つの大モスク、後ウマイヤ朝華やかなりし頃のコルドバの大モスク、それにオスマン朝やサファヴィー朝によって建設された「光輝の時代」のモスクはそのことをはっきりと物語っている。もちろん、政治権力の強大さだけが、質の高いモスク建築の存在の有無を決めたわけではない。時代的な背景や地域社会の事情などによって、大モスクが建設されない場合もあった。しかし、両者の間に一定の相関関係があったことは、疑いようがない。

逆に政治権力が弱い場合や、ある地域が王朝の中心地から外れた場合には、大モスクが建てられることはあまりなかった。例えば、シリアはウマイヤ朝時代にはカリフの都があるイスラム世界の中心地であり、ダマスクスにはウマイヤ・モスクという記念碑的な大モスクが建てられた。このモスクは後世のモスク建築にも大きな影響を与えることになる。だが、それ以後、この地に大きな王朝の拠点が置かれることはなく、ファーティマ朝期以降マムルーク朝期まではエジプトを拠点とする王朝の支配下に入り、さらにその後はオスマン朝の支配を許した。他地域に従属していたこの時期のシリアでは、この地域に独自の特徴を持った大モスクが建設されることはなかった。

モスクが常に政治権力の強大さや正統性を表象していたとしても、その建築形式は一定だったわけではない。モスクの歴史から分かるもう一つの興味深い事実は、モスクの建築形式の変遷が、政治史の変化に見事なほど対応していたということである。古典型のモスクが広い範囲で盛んに建てられていた八～九世紀は、ウマイヤ朝と初期アッバース朝のカリフを中心に、イスラム世界が表面的には統一を保っていた時期にあたった。政治の統一は、モスクの建築形式の画一化となって表われた。メディナの預言者のモスクの様式に範を取ったモスクが、都のダマスクスやバグダード、サーマッラーだけではなく、イランやエジプトでも建てられた。一方、アッバース朝の都から遠く離れ、政治的に独立の傾向が強かった北アフリカやイベリア半島では、九世紀にはすでに、古典型を基本としながらも独自の形式を持ったモスクが建てられつつあったが、このことも政治の動きとモスクの形式の変化が密接な関係を持っていたことを示している。

十～十一世紀になって、イスラム世界の政治的な分裂が誰の目にも明らかになると、これに歩調をあわせるかのように、各地で地域的な特色を持つモスクが建てられるようになる。代表的な形式は、イラン型、エジプト型、西方イスラム世界型、そして、やや時代は下るがオスマン朝型ということになろうか。さらに詳しく分類するなら、この本ではほとんど触れることができなかったが、イラン型の中でもイランと中央アジアの様式には微妙な違いがあり、西方イスラム世界型の中でも、モロッコとチュニジアの様式には相違が見られる。ルーム・セルジューク朝時代にイスラム世界に加わったアナトリアでも独特のモスクのスタイルが生まれていた。

政治、社会的にほぼひとまとまりとなる地域に、ひとつの様式を持ったモスクが建てられた。東方イスラム世界のモスクは、その典型的な例である。逆に言うと、ある一つの様式を持つモスクが建てられた範囲が、一つの歴史世界を形成していたのである。

このように、モスクの建設や建築形式は、政治権力の推移と大きな関わりを持っていた。もちろんこれは、話の対象をいわゆる「集会モスク」ないし「金曜モスク」と呼ばれる大モスクに限った時に見られる現象である。町や村の小さなモスクまで含めた時には、また別のモスク像が浮かび上がってくるだろう。

それにしても、大モスクと政治権力の関わりの深さは印象的である。ヨーロッパ中世におけるキリスト教の大聖堂の場合には、その建設者は必ずしも王などの権力者ではない。一般信徒の浄財が集められ、何年もかかって聖堂が建てられることが多かった。従って、大聖堂は、宗教の力を象徴するものではあっても、王権の強大さを象徴するものではありえなかった。これに対してイスラム世界では、大モスクのほとんどは政治権力者によって建てられ、彼らの権力の強大さ、正統性を象徴する役割を担っていたのである。この本で扱った大モスクの多くが、政治権力者の名を冠して呼ばれていたことは示唆的である。キリスト教の聖堂の名に人名が用いられるのは、サン＝マルコ、セント＝ポールなど聖者の場合に限られていた。そこに、政治と宗教が分かち難く結びついたイスラムの特徴を見いだすことは容易だろう。

ところが、その一方でキリスト教世界では、例えば、フランスのブルボン家の墓がパリ北方のサンドニ大聖堂にあるように、王家の墓は大聖堂の中にある場合が多い。モスクがカリフやスルタン、シャーなどの権力者によって建てられたにもかかわらず、彼らの墓がその礼拝室の内部にはないという事実ときわめて対照的である。

キリスト教世界対イスラム教世界という問題の立て方は、両者を対立的に捉えがちで、必ずしも有効な比較の方法ではない。しかし、モスクについて考える時には、比較の対象としてキリスト教の大聖堂を持ち出すことによって、その特徴がくっきりと浮かび上がることは事実である。

もう一つ、実際にモスク建設に携わった技術者、建築家の問題にも触れておきたい。モスクがイスラムを象徴する建物であったにもかかわらず、これを建設した技術者、建築家は、必ずしもムスリムだとは限らなかった。ウマイヤ・モスクやイブン＝トゥールーンのモスク、コルドバの大モスクなどで建築や装飾を担当した技術者の中には、多くのキリスト教徒が含まれていたことが知られている。オスマン朝建築の最盛期を現出したシナンも、キリスト教徒の家に生まれた。異教徒の活用は、イスラム社会の一般的特徴としてしばしば指摘され、アラブ世界におけるマムルークやオスマン朝のイェニチェリがその代表例として挙げられる。政治・軍事の側面だけではなく、モスク建築のような文化的側面でもこの原則は生きていたのである。

さて、モスクが政治権力の動向と深く関わっていたとするならば、十八世紀以後のモスク建築が歩んだ道は、ある程度予測がつく。十八世紀は、イスラム世界が全体として世界史の中でその先進性を失い、ヨーロッパ諸国の強い政治、経済、文化的な影響を受け始めた時期だった。オスマン朝やムガル朝の衰勢は覆い難く、サファヴィー朝は十八世紀の前半に歴史の舞台から消え去った。この世紀の終わりには、ナポレオンの率いるフランス軍がエジプトに上陸し、十九世紀に入ると、弱体化したオスマン朝やイランのカージャール朝にヨーロッパ諸国の強い圧力がかかるようになった。北アフリカや中央アジア、東南アジアやインドなど、イスラム世界は、その周縁の地域から次々とヨーロッパ諸国の植民地となっていった。「強大な権力のないところに壮麗なモスクなし」の原則に従えば、十八世紀以後はモスク建築にとって受難の時代だったと言える。

もっとも、このような「イスラムの危機」の時代にも、モスクが全く建てられなくなったわけではない。十八世紀以降のオスマン朝では、基本的には大ドーム形式を受け継ぎながらもバロック様式などヨーロッパの建築形式を取り入れた新しい様式のモスクが建てられた。ヌールオスマニエ・モスクやオルタキョイ・モスクなどがその代表例である(図127)。それは、十六世紀末以来、シナンの到達した域を超えることができず、停滞気味だったオスマン朝建築の世界がようやく次の段階に入ったことを示していた。

ムスリムは、初期イスラム時代以来、先行諸文化や他地域の文化を積極的に自らの文化

図127　バロック様式のオルタキョイ・モスク

の内に取り込み、新しい融合文化を創り出してきた。人材だけではなく、異教徒の文化そのものを「活用」していたのである。ウマイヤ・モスクが、ビザンツの建築や装飾の技術を応用して建てられたこと、イラン型のモスクが古代ペルシア以来の建築形式を取り入れたことなどは、その好例である。また、何よりもオスマン朝のモスク自体が、聖ソフィア大聖堂の強い影響を受けていた。十八世紀になってオスマン朝の建築にヨーロッパ建築の形式が取り入れられたのも、このような他文化の積極的な受容という文脈で捉えることができよう。

しかし、そこには一つ決定的な違いが存在した。十八世紀より以前は、ムスリムが軍事的に征服した地域の文化を、余裕を持って導入していたのに対して、それ以降の場合は、文化的にはもちろん、軍事的にも劣勢を強いられている「先進地域」の文化を、一種の憧れを持って受け入れたという点である。公平に見れば、建築技術やデザインの面で前の時代から一定の進展が見られる十八世紀以後のオスマン朝建築が、建築史家の間であまり人気がない理由は、そんなところにもあるのだろう。

世界史の天秤がイスラム世界からヨーロッパ世界へと傾いたその時に、モスク建築の黄金時代は静かに幕を閉じた。モスク建築の歴史が政治権力の盛衰と密接に結びついていた以上、それは不可避な「歴史の必然」だったのである。

あとがき

建築形式に特徴を持つ大モスクの歴史的展開を主眼としたため、本文の記述は、十八世紀までで終わっている。しかし、モスクの歴史それ自体は、もちろん今日に至るまで切れ目なく続いている。つい最近も、モロッコのカサブランカに、高さ二〇〇メートルのミナレットを持ち、広さ二万平方メートル、二万五〇〇〇人を収容できる大モスクが建設されたことを新聞が報じている。防火設備などに最新の技術が駆使され、モスクからメッカの方向へ発射されるレーザー光線は、三〇キロの彼方にまで届くという。国王ハサン二世の威信をかけた大建造物である。支配者の権威と敬虔さを示すというモスク建築が八世紀以来有した意義は、現代でもさほど変化していないようである。

三年ほど前に中公新書執筆のお誘いを受け、いろいろ迷った末に、当初の話とは異なって、写真や図面が多く、必ずしも新書向きとは言えない「モスク建築」というテーマで書いてみようと決めたのは、一年前のことである。あえてこのテーマを選んだ理由は二つあった。

一つは、もちろん、それが私にとって一番書いてみたいテーマだったということである。ペルシア語文献を用いて前近代イランの歴史を解明することが、私の年来の研究テーマだが、この数年、広くイスラム世界の建築や庭園を見て歩く機会を与えられ、それによって新しい研究の手法がおぼろげながら見えてきた気がしていた。それは、今日まで残されている歴史的な建築物を資料として利用すれば、文献史料だけからは分かりにくいような歴史事実が明らかにできるのではないか、ということである。文献史学と建築史を結びつけた歴史研究である。歴史学の方法としては、これはごくあたり前のものであり、何が新しいのかと言われるかもしれない。しかし、これまで文献を重視し、もっぱら文献によって歴史を考えてきた私にとっては、斬新な研究手法だった。これを用いて、モスクの調査旅行の間に考えたこと、仲間と議論したことを活字にしてみたいと思った。

扱い慣れた手法ではないこともあり、細かい点にこだわっていると、仕事は全く進まない。このため、部分的には大胆な推論も行なっている。また、アラブ圏やトルコ圏をも含むイスラム世界の歴史を体系的に記述することは初めてであるうえ、建築史を学び始めて日の浅い筆者の手になる書である。初歩的な誤解や誤謬が多くあるのではないかと恐れる。識者の御叱正を乞いたい。

モスクについて書こうと思ったもう一つの理由は、邦文によるイスラム建築の入門書があまりにも少ないということである。このため、人類の大いなる遺産の一つであるモスク建築の存在が我国ではほとんど知られていない。試みに書店の建築書関係の棚を覗いてみるとよい。日本の建築についての書物を別にすれば、あとはヨーロッパ建築に関する書籍ばかりがならべられている。我国社会のヨーロッパ志向が、これほど明瞭に現われている場所も少ないのではないだろうか。世界は日本と欧米だけからなっているわけではない。ささやかな書物ではあるが、この本によって、少しでも多くの人が、イスラム世界の豊かな建築文化と歴史に関心を持つようになって下されば、と思う。

この本で触れることのできなかった問題は数多い。十九世紀以後の各地のモスク建築の流れ、大モスクと一般のモスクとの建築形式や機能の共通点、相違点などがそうである。また、モスクの歴史を全体として扱うからには、東南アジアや中国、西アフリカなどの、いわゆる周縁イスラム世界のモスクをも視野に入れて議論を組み立てねばならないはずである。しかし、本書ではそれが果たせなかった。これらの地域の歴史についての私の知識が不足していたこと、実際にこの目でモスクを調査することができなかったことなどがその原因である。いずれ別に機会を得て責めを果たしたい。

このような小さな本でも、日の目を見るまでには多方面からの援助や協力を頂戴した。中公新書編集部の糸魚川昭二氏は、私のわがままをすべて聞き入れ、万全の協力体制を敷いて下さった。イスラム世界の各地を訪れ、実地にすぐれたモスク建築を見ることができたのは、文部省科学研究費補助金（国際学術研究）のおかげである。その成果はこの本の随所に盛り込まれている。この援助によって、この本では、原則として私がこの目で見たモスクだけを取り上げることができた。例外は、宗教上、外交上の理由で訪れることのできなかったメッカ、メディナのモスクと、イラクのモスクだけである。第五章「光輝の時代」の原稿の一部は、かつて山川出版社の雑誌『歴史と地理』四二九号（一九九一年五月）に発表した拙文に手を加えたものである。転載を快く認めて下さった山川出版社の編集部に御礼申し上げる。

勤務先の東京大学東洋文化研究所の同僚諸氏をはじめ、内外の多くの先輩や友人たちが、私を強力に支援して下さった。とりわけ、調査仲間の林佳世子、三浦徹、横山正のお三方からは、数々の御助言、御協力をいただいた。あらためて深い感謝の意を表したい。

一九九三年十一月一日

羽田正

補章――二二年後

1　イスラーム世界再考

中公新書の一冊として『モスクが語るイスラム史』（以後、原著）が出版されたのは、一九九四年三月のことである。それから二二年の歳月が流れた。当時まだ四〇歳になったばかりだった私は、すでに齢六〇を超えた。本を書いた当時の知的興奮は、今日でも容易に思い出すことができる。しかし、あれはもう二〇年以上も前のことなのだ。歳月の流れの早さに、ただ驚嘆している。

原著が出版された時期を挟み、一九九〇年から五年の間、私は毎年夏になると南アジア、中東、北アフリカの各地に出かけ、一カ月から一カ月半程度の間、現地に滞在して、研究仲間とともに建物の調査を行なっていた。真夏の太陽が照り付ける中、地図やガイドブックを見ながら、重い一眼レフのカメラと替えのレンズなどを担いで町を歩き回った。デジタルカメラはまだなく、手持ちのスライド用フィルムの本数は限られていたので、構図や距離、露出などを慎重に検討してから、一枚一枚の写真を丁寧に撮影した。写真はもちろんその場で見ることはできず、日本へ帰ってから現像し、スライドとして大事に保存した。また、現地での調査によって生じた疑問点は、仲間とその場で議論し、そこで結論がでなければ、確認すべき点としてノートにメモした。日本に戻ってから、関連する書籍や論文を読んで、問題の解決や論点の深化に資するためである。

それから二〇年あまり、インターネットとデジタルカメラの普及によって、現代における調査や研究の方法は、当時とはまったく異なるものとなった。いちいちガイドブックや地図を持ち歩かなくても、GPSを使えば、町中で道に迷うことはないだろう。各地の建物に関して膨大な数のビジュアルデータが、インターネット上にアップされている。建物の基本的な情報も、すぐにオンラインで確認できる。調査の現場では、軽くて扱いが簡単なデジタルカメラで好きなだけ写真を撮り、その場で出来具合を確認し、よく撮れたものだけを残せばよい。参考文献もオンラインで確認できることすらある。現地調査は二〇年前と比較すると格段に容易で効率がよくなっているはずだ。

変化したのは、このように身近な研究環境だけではない。研究の対象となった現地の状況が大きく変化した。私が中東や北アフリカの町々を歩き回った一九九〇年代前半には、まだ「自爆」という手段によって自らの敵を攻撃するという考え方は存在しなかった。アルカーイダやイスラーム国のように、過激な思想を背景に世界各地で想像を絶するような各種の攻撃をしかける集団の存在は、未だ目立ってはいなかった。一般的な日本人の間にイスラーム教やイスラーム教徒（ムスリム）に対する誤解や偏見はすでに存在したが、その多くは無知と無関心からくるもので、二〇〇一年九月十一日の同時多発テロ以後に見られるようになった確信的な反感や嫌悪のゆえではなかった。

もう一つ変わったものがある。それは、私自身が世界を見る眼である。本書をお読みいただけばすぐにお分かりになるように、原著を記した当時、私は「イスラーム世界」という空間概念についてまったく疑念を持っていなかった。この名前を持つ空間、あるいは人間の集団が地球上に存在していると考え、その歴史、すなわち「イスラーム世界」の歴史を正確に描くことが自分の仕事だと考えていた。また、誤解されがちな「イスラーム世界」認識を正し、その特徴を人々に分かりやすく語ることも重要な責務だと認識していた。そのためには、建築や美術のように、具体的に目に見えるモノを用いて説明することが効果的であると確信していた。それが原著を記そうとした理由の一つである。

しかし、二〇〇一年九月十一日の同時多発テロとそれ以後の世界情勢は、このような私の世界観や歴史観を根底から揺さぶり、突き崩した。テロに直面したアメリカや西側諸国だけではなく日本でも、世界で起こっている様々な出来事が「イスラーム世界」という言葉を使って説明された。その多くは、西側とは異なる価値観を持つイスラーム世界に問題があると主張し、イスラーム教やムスリムを全体として批判する論調を持っていた。これとは逆に、イスラーム教やムスリムを擁護し、ムスリム多数派によるイスラーム世界の理解は過激派のそれとは異なっているとする主張も見られたが、こちらの方もイスラーム世界の存在自体への疑いはなかった。要は、イスラーム世界が悪いか善いかのどちらかなのである。

「悪」であれ「善」であれ、なぜ、「イスラーム世界」という単語によって、こうも簡単に世界情勢が説明されてしまうのだろう。これが九・一一の後、イスラーム教やムスリム・バッシングが盛んに行なわれていた頃に私が抱いた単純な疑問だった。たしかに自分自身も、それまであまり深く考えずにイスラーム世界という語を用いてきた。それは自分自身が属する学術コミュニティーではこの語が重要なキーワードの一つとしてしばしば使用されており、その存在や概念に疑いを持つことなど思いもよらなかったからである。しかし、その一方で、各地で調査を重ねる過程で、イスラーム世界の国々がイスラーム教という単一の要素でひとくくりにはできない多様性を持っていること、同じムスリムといっても、イスラーム教との距離は人によって様々であることを、肌で感じていた。原著で何度もイスラーム世界の多様性に言及しているのは、そのためである。

そんなに簡単に「イスラーム世界」という語ですべてが説明できるはずはない。この言葉を用いて世界を理解しようとする世界観や歴史観そのものに問題があるのではないか。九・一一後このように考えるようになった私は、そもそも「イスラーム世界」という語は、いつ、どこで、どのような意味で使用されるようになったのか、原点に戻って確認しようと思いたった。そして、西洋諸語とアラビア語やペルシア語、それに日本語の関連資料を調べてみた。その結果、二〇〇五年に出版したのが、『イスラーム世界の創造』（東京大学出版会）という題名の著作である。この本で私は、日本語のイスラーム世界は多義的できわめて曖昧な概念であること、イスラーム世界という概念は、世界を二項対立的に理解しようとする十九世紀の西ヨーロッパで、プラスの価値を持つ「自」としての「ヨーロッパ」に対してマイナスの価値を持つ「他」として創造されたこと、この概念が十九世紀後半にムスリム知識人の間に持ち込まれ、正負が逆転して用いられる場合が出てきたこと、日本には、ムスリム知識人経由でこの概念が紹介され、日中戦争が激しくなる一九三〇年代後半になると、大日本帝国の中国大陸や東南アジアへの拡張に合わせて急速に知られるようになったことなどを論じた。刊行後一〇年あまり経ったが、今読んでも、この本の論旨に大幅な修正や変更の必要はないと思う。

この本ではそこまで議論を拡大してはいないが、「イスラーム世界」は、特に、アメリカ合衆国と西ヨーロッパ、すなわち「西洋」と、ムスリムの知識人が、世界を「自」と「他」の二項対立として理解しようとする際に用いると便利な概念である。互いに自分が正しく相手が間違っていると容易に非難しあえるからである。九・一一後のアメリカや西ヨーロッパ、それに日本などでの「イスラーム世界」バッシングは、十九世紀以来の二項対立的な世界観の上に立って行なわれたと言えるだろう。

かつて、そして現在もそのように考える人たちがいるのだから、イスラーム世界という概念の存在自体を否定することはできない。ただし、少なくとも日本語では、しっかりとした定義をした上でこの語を用いるべきである。曖昧な意味のままで用いても、結果として、そこから建設的で意味のある意見は生まれてこないだろう。

「イスラーム世界」という語を用いて世界とそこで生じる出来事を理解しようとするなら、それは、自と他を峻別しようとする十九世紀から二十世紀にかけての時期のアメリカ合衆国と西ヨーロッパ、それにムスリムの知識人の世界観を受け入れたことを意味する。しかし、グローバル化が進み世界の各部分が密接かつ複雑に結びついていることが明らかな二十一世紀に生きる私たちが、世界史、あるいは人類史を構想する際に、はじめからそこに「ヨーロッパ」と「イスラーム世界」という対立する異なった空間の存在を想定し、それぞれが別の歴史を持って今日に至ったと考える必要はないはずだ。そのように考える人々がいることと、実際にそのようであったこととは別である。

現在の私は、「イスラーム世界」という空間を設定しその歴史を考えることはあってもよいが、それを世界史に組み入れよう、あるいは、一定の時間の長さと空間の広さを持った「筒」のようなイスラーム世界を内包する世界史を構想しようとする考え方には賛同しないという立場をとっている。いずれにせよ、イスラーム世界という語を使うなら、まずそれがどのような意味であるのかをはっきりと定義する必要があるだろう。

原著は、モスクという建物とムスリムの政治権力者の関係を軸にイスラーム世界の過去を時に沿って振り返ってみようという趣旨で記されている。世界史全体を扱っているわけではなく、あくまでもイスラーム世界の歴史が叙述の対象である。そこでいうイスラーム世界は、ムスリムの政治権力者が統治する領域である。このような空間を想定してその歴史を体系的に語ることが妥当であるかどうかは別として、少なくとも、論理の一貫性と整合性はとれている。とするなら、この作品は、「イスラーム世界」という概念の曖昧さを問題だと考える現在の私であっても、かろうじて許容できる範囲の内にあると言えるだろう。

しかし、世界史の描き方そのものに関心を持ち、誤解を招きがちなイスラーム世界という語を使うことはできるだけ避けている現在の私なら、モスクやイスラーム建築に注目したイスラーム世界の時系列史（縦の歴史）よりは、宗教建築（と厳密に呼べるものがあるのかどうかは慎重に検討されねばならないが）に注目してある時期の世界全体の構造や特徴を明らかにする横の歴史の執筆を目指すはずだろう。

原著刊行後二〇年以上が経つと、このように世界の状況も自分自身の考え方も、共に大きく変化している。過去を振り返って自らの立ち位置を確認し未来へ向かう手がかりを得るために必要な歴史は、常に刷新され、それぞれの時代にふさわしいものが構想され、提示されるべきだとあらためて思う。

原著のあとがきには、本書で「触れることができなかった問題」として主要なテーマが三つ挙げられている。(1)十九世紀以後の各地のモスク建築の流れ、(2)大モスクと一般のモスクとの建築様式や機能の共通点、(3)東南アジアや中国、西アフリカなどにおけるモスク建築をも視野に入れた議論の三点である。特に(1)と(3)は、イスラーム世界史という歴史理解の枠組みが当たり前だと考えていた当時の私には、執筆が難しかった項目である。なぜなら、イスラーム世界史の解釈と叙述は、空間軸においてはしばしば西アジア・中東と中央アジアに限定されるし、時間軸の場合はこの枠組み自体が十九世紀以後の説明にはあまり使用されなくなるからである。十九世紀以後の同じ地理空間に関してかわりに用いられるのは、「中東」や「西アジア」という名称である。既存のイスラーム世界史という歴史叙述の方法を使うなら、原著以上に時間と空間を広げてその歴史を秩序・系統立てて語ることは難しい。

一方、原著出版の後、モスクだけではなく、広くイスラーム建築の歴史を分析と叙述の対象とする書物が、日本語で数多く出版されている。深見奈緒子『世界のイスラーム建築』(講談社現代新書、二〇〇五年)、同『イスラーム建築の世界史』(岩波書店、二〇一三年)、桝屋友子『すぐわかるイスラームの美術――建築・写本芸術・工芸』(東京美術、二〇〇九年）などがその代表作品である。また、店田廣文『日本のモスク――滞日ムスリムの社会的活動』（山川出版社、二〇一五年）のように、西アジア・中東だけではなく、それ以外の地域のモスクについて取り上げた本も刊行されるようになった。これらの書物を繙けば、モスクをはじめとするイスラーム建築について、原著以上に詳しく新しい情報がまとまって得られるはずである。

その意味では、原著はすでに古くなった。もし今回これを再版するなら、その価値がどこにあるのかと問われるに違いない。これに対して私は、原著が次の二点を繰り返し強調しているという点を挙げたい。（1）ムスリム政治権力の盛衰が巨大で特徴的なモスクの建設と強い相関関係を持っていること、（2）イスラーム世界という時空間は多様であり、その各所に特徴的なモスク建築を生み出す文化的なまとまりが存在したこと、この二点である。（1）は政治史や建築史という個別の研究分野だけにこもっているなら発見できない事実である。（2）は例えばアラブ史、イラン史などという地域史だけに注目していると見逃しがちな点である。いずれも、狭い研究分野を越えて過去を総合的に検証することによってはじめて明らかとなる点である。歴史を広い視野を持って全体として理解するという点で、原著にはなおなにがしかの価値があると信じたい。

とはいえ、むろん、これは前近代のイスラーム世界という限定された時空間における総合性でしかない。世界全体をカヴァーする世界史を、全体として把握し理解しようとするなら、イスラーム世界を越え、あるいはそのような既存の枠組みを一旦取り払い、さらに広大な時空間を視野に入れて史資料を検討して行かねばならないだろう。それは今後の課題であり、原著はその出発点となりうる材料を提供している。

以下、二二年後の増補として、上で挙げた原著の二点の価値に関連して、いくつかの補足的な情報を追加しておくことにする。これらは既存のイスラーム世界史の叙述や理解とは必ずしもリンクしない。しかし、政治権力と大モスクの近接性・相関性とモスク建築の多様性という原著の強調する二つのポイントとは大いに関連し、その主張を補強するものとなるだろう。どれも原著刊行以後の二二年の間に私が行なった調査をもとにした情報である。論述の進め方の都合で、先にモスク建築の多様性から話を始めたい。

2　東南アジアと中国のモスク

(1) 東南アジア

イスラーム教は、インド洋を越えてやってきたムスリムの商人や聖者によって、東南アジア各地に伝わった。これに伴ってモスクも各地に建てられたはずだ。しかし、湿潤な気候のゆえに、また木材が主たる建築資材であったため、十七世紀以前の大きなモスク建築

図128　マラッカのカンポン・クリン・モスク

は残っていない。現在、私たちが目にすることができ、〝古い〟とされるモスクでも、その多くは十九世紀から二十世紀前半の建物である。それらのモスクを大きく区分するなら、二つのタイプがあると言えるだろう。一つは主として地元の人々が地元の建築形式を用いて建てたモスク、もう一つは外来の影響を強く受けて建てられたモスクである。両者は同時並行的に建設されてゆくが、特に後者は、西ヨーロッパ諸国の植民地支配と強い結びつきがあるという点で、政治権力と大モスクの関係を考える原著の問題意識に新しい視点を付加するものともいえるだろう。

マレーシアのマラッカにあるカンポン・クリン・モスク（図128）は、十九世紀の煉瓦作りの建物だが、十八世紀に創建された

図129　ジャカルタのモスク

当初の木造建築の面影をよく残している。中庭はなく、瓦葺で先のとがった大きな屋根がその下の礼拝空間を覆っている。この大屋根形式が東南アジア各地（特にマレーシアからインドネシア）に特徴的なモスクの基本形である。この建築形式はこの地域の民家によく見られるもので、それがモスクにも取り入れられたと考えられる。中庭もドームも持たず、瓦葺の大屋根を持つという点で、西アジアや南アジアのモスクとはかなり異なった外観を持つ。しかし、雨が多く気温の高い地域では、この形式の建物が居住空間としてもっとも適している。ここにも、地元に合った建築形式を柔軟に採用できるモスク建築の特徴がよく表れている。

図130　シンガポールのスルタン・モスク

このタイプのモスクが、どの程度地元の政治権力者によって建てられたのかを示す具体的なデータはない。しかし、現地を歩いて実際に目にするこのタイプのモスクの数の多さから考えると、権力者の建てたモスクだけが異なった形式を持っていたとは考えにくい。基本的に同じ形式のモスクが、権力者によっても各地で建設されたとみて間違いないと思われる。

東南アジアでは、このような地元型とは別に、地域外の建築形式の影響を受けたモスクも建てられた。例えば、大きなドームを持つシンガポールのスルタン・モスクはその一例である（図130）。十九世紀前半に建設されたこのモスクは、元来地元型の大屋根を持った建築だったと

図131　ジョホールバルのアブー＝バカル・モスク

いう。しかし、一九二四年に建て直される際に、イギリス植民地当局と強い関係を持っていたイギリス系の建築会社のアイルランド人建築家が、現在の建築形式を採用した。ドームやその周囲の装飾、ミナレットはどこかインドのモスクの姿と似ているが、具体的なモデルがあるわけではない。建築家のイメージにある「モスク」が実際の形をとったものなのだろう。インドのモスクとは異なり、このモスクには中庭はない。当時一般的だった大屋根形式のモスクではなく、西アジアや南アジアのモスクに一般的なドームを備えた巨大建築を採用したという点は、意味深長である。移住してきたインド系の人々への配慮ともとれるが、通常の大屋根式のモスク以上により高く大きい建築を志向した当時のイギリス植民地当局の意志とみることもできるからである。

マレーシアのジョホールバルにあるスルタン・アブー＝バカル・モスク（図131）は、イギリスのヴィクトリア時代建築の様式を取り入れて十九世紀末に建てられたもので、特にミナレットは当時のイギリスの時計塔の形に似ている。いわゆるコロニアル様式の建築である。地元の建築家にモスクの建築を命じたのはこの町を支配するスルタンだが、彼やその周辺の人々にはイギリスに親近感を持つ人が多かったのだという。その意味で、この建物は、イギリスの力を背景に自らの権威の確立を図るスルタンの意図を表現しているといえるだろう。

(2) 中国

中国のモスク建築についても触れておこう。イスラーム教は、インド洋から南シナ海を経て東南地方に達する南方ルートと、中央アジアのいわゆる「シルクロード」を通って西北地方に至る北方ルートの二方向から中国に伝わった。現在の中国の領域内で、かつてムスリムの政権が存在したことがあるのは、新疆ウイグル自治区の一部においてだけである。従って、それ以外の地域は本書でいうイスラーム世界には含まれないことになるが、実は東部沿岸地域には多くの興味深いモスク建築が見られる。そこで、ここでは、モスクの建

図132　広州のモスク（懐聖寺）。右手の円筒型の塔がミナレット

図133　泉州のモスク（麒麟寺）。イラン型のイーワーンが復元されている

築形式の多様性という点に絞り、あえて新疆ウイグル自治区以外のモスク建築についても論じることにしたい。

港町の広州や泉州には、西アジアから海を渡ってやってきたムスリムのコミュニティーが早くに成立した。これらの町には、九世紀、あるいは十一世紀に淵源を持つといわれる古いモスクがある。広州の懐聖寺のミナレット（光塔）（図132）は、現地の説明板では九世紀の創建時のものと記されている。その情報が正しいかどうかを確認はできないが、このミナレットは中国では珍しい円筒形の西アジアスタイルであり、イスラーム教を西アジア方面から伝えた人々の嗜好がそこに反映されているとみることもできる。また、泉州の古モスク（通称麒麟寺）は十一世紀以来の建物を十四世紀初めに改築したというが、イーワーンの一部を含め、発掘・整備されているその建物の遺址には、イラン系モスクの特徴がみられる（図133）。これもモンゴル時代にこの町を数多く訪れたというイラン系の人々が、彼らのスタイルを持ち込んだものと考えることができそうだ。

このような初期の例を別にすると、楊州、寧波、福州、広州などの東部沿岸諸地域で私が実際に訪れて見ることのできた古いモスクは、瓦屋根、木造という地元の建築形式を取り入れて建てられている。ミナレットも仏塔によく似た形であり、全体として仏教寺院とさほど変わらないたたずまいを持っている場合もある（図134〜137）。これらの木造のモスクは、何度も補修・改築されており、建築時期や当初の建築形式は必ずしもはっきりしな

図134　福州のモスク。写真では奥に見えるのが入り口。手前の瓦屋根がモスク本体の建物

図135　福州のモスクの壁に中国語で記された礼拝時刻

図137　楊州のモスクのミナレット

図136　寧波のモスク

い。しかし、古いものでも、清朝の統治開始時期（十七世紀半ば）を遡りはしないだろうと思われる。これらのモスクは、いわゆる回族によって建設され、従って、地元に密着した建築形式が採用されたのである。
もっとも、「中国」のモスクが、すべてこのように木造で仏教寺院的な建築形式を持っているわけではない。かつてイスラーム世界の一部を構成した西北の新疆ウイグル自治区にあるモスクの多くは、パミールを越えた西トルキスタン地域のモスクとよく似た形式を持っている。それは、イランから中央アジアにかけてのモスクに一定程度共通するもので、主たる建築資材として煉瓦を用いドームやイーワーンに特徴がある。建築形式からだけ言うと、中国の西部は、そのさらに西のウズベキスタンやカザフスタンなど中央アジア諸国と一体の文化圏を形成していると言えるだろう。

3　十九世紀以後の各地のモスク建築の流れ

本書で繰り返し強調されているように、巨大なモスク建築は強力な政治権力と緊密な関係を持っていた。政治権力者は自らの強大な権力を誇示するために、また、宗教的な敬虔さを表象しそれを統治の正当性の裏付けとして利用するために、大モスクを建築した。だとするなら、十九世紀以後少なくとも二十世紀の半ば過ぎまでの時期に、ムスリムが多く居住する諸地域（ムスリムの権力者が統治するという意味では、その多くは依然として「イスラーム世界」だったはずだが、ここでは従来の世界史理解の慣例に従って、この語は使わない）で、特徴のあるモスクがあまり多く建てられなかったことは容易に想像できるだろう。十九世紀の中東では、オスマン朝の政治・軍事的な力が弱まり、イラン高原に新しく樹立されたカージャール朝の政権も安定しなかった。中央アジアではロシアが現地のムスリム政権の領域を次第に侵食するようになっていた。

各地に政治権力者は存在していたので、それなりに大きなモスクが建てられてはいる。例えば、十九世紀にカージャール朝の都テヘラーンに建てられた「王のモスク（現在は、エマーメ・ホメイニーのモスクと呼ばれている）」や、エジプトのカイロに建てられたムハンマド＝アリーのモスク（図78）は、その例である。しかし、前者はそれまでのイラン型モスクの系譜の上にあって創意工夫に乏しく、後者はムハンマド＝アリーの権力と彼を派遣したオスマン朝の権威を象徴するために建てられた、オスマン様式の建物である。どちらもそれなりの面白さはあるが、モスク建築の「傑作」と言えるかどうかは疑わしい。

二十世紀に入ると、オスマン朝やカージャール朝は滅亡し、中東・中央アジア、それに東南アジアの大半は、イギリスやフランス、ロシア（後にソ連）などによって植民地化された。この時期に目立つのは、東南アジアの項で述べたように、西ヨーロッパ諸国の植民地当局やそれと関係を持つ現地の人々が建てたモスクや、フランス、日本のように元来ムスリムの数がきわめて少なかった地域に新たに建設されたモスクである。後者としては、パリ五区のモスク（一九二六年完成）（図138）や東京代々木上原のモスク（一九三八年完成）（図139）が挙げられる。パリではマグリブ風、東京ではトルコ・中央アジア・インド風が混じり合ったような大ドームを持つモスクが建てられた。現地の建築形式は採用されず、モスク建設を提唱し実際に資金を出した人々やモスクを実際に使用する人々の希望が優先された。

注意すべきは、これらのモスクとその国の政府や政治権力との関係である。パリのモスクは、第一次世界大戦でフランスのために戦い、戦場で倒れた一万人を超えるムスリムを顕彰するために建設された。国費が投入され、竣工式には大統領が出席した。代々木上原

図138　パリ５区の大モスク

図139　代々木上原のモスク

図140　ジャカルタのイスティクラル・モスク

に建設された東京ジャーミーの落成式にも、松井石根、頭山満らの要人が参列している。また、同年このモスクで開かれた大日本回教協会の発足式には、時の総理大臣近衛文麿が出席した。ムスリムの数が決して多くはなかったこれらの国々でも、大モスクの建設は現地の政治権力の意図や関心と無縁ではなかった。

二十世紀の後半になると、西ヨーロッパ諸国の植民地から独立した諸国では、鉄筋やコンクリートなど現代的な建築資材を用いた巨大なモスクが建設されるようになった。ジャカルタ（インドネシア）のイスティクラル・モスク（一九七八年）（図140）、カサブランカ（モロッコ）郊外のハサン二世・モ

図141　蘭州のモスク

スク（一九九三年）、ブルネイの新モスク（一九九四年）、オマーンの首都マスカットのスルターン・カーブス・モスク（二〇〇一年）などがその例である。いずれも、政治権力者の強い意志と財力によって建設されたものである。為政者が自らの権力と権威を示すために大モスクを建設するという事象は、現代に至るまで変わることなく見られるようだ。

二十世紀は、交通と通信の発達により世界各地の結びつきがそれまで以上に緊密になった時代である。また、新しい建築資材が導入され、建築の技法も飛躍的に向上した。このため、新しい建物を設計する際には、世界のどの地域においても、必ずしもその地域の伝統だけにこだわる必要がなくなり、離れた地域であっても一見よく似た建築が建てられるようになった。世界各地にみられる高層ビルはそのよい例である。モスク建築についても同じことが言えそうである。中東やマグリブのようにその地域の建築形式の伝統が強い場所は別として、それ以外の新たに大モスクが建設された地域では、大きなドームを頂くよく似たモスクが建てられるようになったからだ。

例えば、ジャカルタのイスティクラル・モスクは、ドームと内部の柱がステンレスで覆われ、大理石をふんだんに使った建物である。ブルネイやマスカットのモスクの場合も、ドームを頂き大理石を使った建築であるという点では、イスティクラル・モスクと同様である。ブルネイのモスクのドームは、金で覆われている。いずれも、それまでのモスクのように、地域に根差した「〜型」とは分類しにくいような特徴を持っている。あえて言えば、「現代型」となるのだろうか。これらのモスクは、ただその建築形式を見ただけでは、どこに建てられたものであるかを言い当てることが難しい。似たモスクが世界中に次々と建てられているからである。今年の夏に訪れた中国甘粛省の都市蘭州でも、伝統的な中国式モスクとは無縁の「現代型」モスクが多く見られた（図141）。

これまで地域の伝統や慣習と結びついてその地域に特徴的な様相を様々に呈していたイスラーム教とその象徴であるモスクは、現代におけるグローバル化の影響を受け、均一化への道を進んでいるのだろうか。あるいは、均一化が進んでいるように見えながら、よく観察するなら、各地のイスラーム教とモスクにはそれぞれの地域の特徴が根強く息づいているのだろうか。また、今後、そこに新たな地域の特徴が付加されてゆくのだろうか。本章の冒頭で、この二〇年余りの間に世界と私自身がどれだけ大きく変化したかについて説明した。イスラーム教やモスク建築も同様に、現代世界を構成する様々な要素と結びつき、絡み合いながら、急速にその姿を変えているに違いない。新しい世界史の理解を踏まえながら、その変貌の様をしっかりと見つめてゆきたいと思う。

原著である中公新書の初版は比較的早くに品切れとなり、その後再版されることはなかった。今回、筑摩書房の平野洋子さんから、原著を新たに文庫として出版したいという提案を頂いた際、率直に言ってどうしようか迷った。二〇年以上前に品切れになった本の価値を見出して下さった平野さんの提案は本当にうれしくありがたかった。しかし、上にも記したように、「イスラーム世界」という概念に疑問を持つようになったこと、原著以後に出版された同種のすぐれた書籍があり、これらの研究を引用せずに原著をそのまま出版することに意味があるのかどうか確信が持てなかったことのゆえである。

平野さんと話し合い、結局、最後に新たに一章を付け加えて、新版を刊行して頂くことにした。原著をもう一度自分で読み返してみて、当時の情熱や興奮が甦るとともに、建築と政治権力の関係を論じた原著の内容の大筋は、今日でも十分に通用すると確信したからである。しかし、具体的な個々の建築についての研究は、原著刊行以後、世界や日本でずいぶん進んだ。それらをいちいち取り込んで原著を改訂するのは不可能である。従って、原著部分の本文は、明らかに修正を要するごく一部を除いて、元のままである。本書でモスク建築に興味を持たれた読者は、ぜひ、上で紹介した深見氏らの本をも合わせてお読みいただきたい。なお、最後の補章の叙述内容は、日本学術振興会研究拠点形成事業「新しい世界史／グローバルヒストリー共同研究拠点の形成」による支援を受けた研究成果の一部である。記して関係者にお礼を申し上げる。

二〇一六年八月

羽田　正

主要文献目録

ここに挙げた文献は、この本を執筆するにあたって、筆者が直接参考にしたものに限られている。また、本書の性格を考えて、外国語文献のうち、アラブ、ペルシア、トルコ語で書かれたものと専門学術雑誌に掲載された論文はすべて割愛した。モスクやイスラム建築に関してさらに詳しい情報を得たい方は、ここに挙げた書目の中に引用された文献や、イスラム建築に関する専門誌である *Muqarnas* などに掲載された論文をご覧になられたい。

《日本語文献》

A・U・ポープ著、石井昭訳『ペルシア建築』鹿島出版会　一九八一
石井昭「イスラーム建築の様式と技法(3)〜(6)　続(1)〜続(2)」『ディテール』51—53、55、59、60　一九七七〜七九
井筒俊彦訳『コーラン』岩波文庫版　一九五七〜五八
大塚和夫『異文化としてのイスラーム』同文舘出版　一九八九
片倉もとこ『イスラームの日常生活』岩波新書　一九九一
クラヴィホ著、山田信夫訳『チムール帝国紀行』桃源社　一九七九
佐藤次高・鈴木董編『都市の文明イスラーム』講談社現代新書　一九九三
鈴木董編『パクス・イスラミカの世紀』講談社現代新書　一九九三
アンリ・スチールラン著、神谷武夫訳『イスラムの建築文化』原書房　一九八七

B・S・ハキーム著、佐藤次高監訳『イスラーム都市』第三書館　一九九〇
羽田正・三浦徹編『イスラム都市研究』　東京大学出版会　一九九一
羽田正「「牧地都市」と「墓廟都市」——東方イスラーム世界における遊牧政権と都市建設」『東洋史研究』49—1　一九九〇
羽田正「一六七六年のイスファハーン——都市景観復元の試み」『東洋文化研究所紀要』118　一九九二
羽田正「イラン・イスラーム世界の都城」『学術月報』45—5　一九九二
林佳世子「イスラム都市の慈善施設「イマーレット」の生活」『東洋文化』69　一九八九
林佳世子「16世紀イスタンブルの住宅ワクフ」『東洋文化研究所紀要』118　一九九二
三浦徹「ダマスクス郊外の都市形成——12—16世紀のサーリヒーヤ」『東洋学報』68—1・2　一九八七
宮崎市定『菩薩蛮記』　全集20　岩波書店　一九九二

《外国語文献》

Almansouri, M.A., *The Role of the Friday Mosque (Al-Jami) in Islamic Cities*, thesis for Ph.D. (University of Illinois), 1991
Alsayyad, N., *Cities and Caliphs*, Greenwood Press, 1991
Bahnassi, A., *The Great Omayyad Mosque of Damascus*, Damascus, 1989
Behrens-Abouseif, D., *The Minarets of Cairo*, The American University in Cairo Press, 1985
id., *Islamic Architecture in Cairo. An Introduction*, E.J. Brill, 1989
Bloom, J., *Minaret. Symbol of Islam*, Oxford, 1989
Creswell, K.A.C., *Early Muslim Architecture* (revised edition), 2 vols., Oxford University Press, 1969
id., *The Muslim Architecture of Egypt*, 2 vols., Clarendon Press (Oxford), 1952

id., *A Short Account of Early Muslim Architecture* (revised and enlarged edition), Scolar Press (Aldershot), 1989

Encyclopaedia of Islam, New Edition

Galdieri, E., *Isfahan: Masğid-i Ğum'a*, 3 vols., Roma, 1972, 73, 84

Garaudy, R., *Mosquée. Miroir de l'Islam*, Paris, 1985

Golombek, L. & Wilber, D., *The Timurid Architecture of Iran and Turan*, 2 vols, Princeton University Press, 1988

Golvin, L., *Essai sur l'architecture religieuse musulmane*, tome 3, *L'architecture religieuse des "Grands Abbasides", la mosquée de Ibn T'ulun, l'architecture religieuse des Aghlabides*, Editions Klincksieck, 1974

Goodwin, G., *A History of Ottoman Architecture*, London, 1971

Grabar, O., *The Formation of Islamic Art* (revised and enlarged edition), Yale University Press, 1987

id., *The Great Mosque of Isfahan*, New York University Press, 1990

Hautecoeur, L., & Wiet, G., *Les mosquées du Caire*, Paris, 1932

Hoag, J.D., *Islamic Architecture*, New York, 1977

id,. *Architecture islamique*, Gallimard (Paris), 1991

Kuban, D., *Muslim Religious Architecture*, 2 parts, Leiden, 1974, 85

Kuran, A., *Sinan. The Grand Old Master of Ottoman Architecture*, Istanbul, 1987

Makdisi, G., *The Rise of Colleges: Institutions of Learning in Islam and the West*, Edinburgh, 1981

Papadopoulo, A., *Le mihrab dans l'architecture et la religion musulmanes*, E.J. Brill, 1988

Pope, A.U (ed)., *A Survey of Persian Art* (with corrigenda and addenda), vol.III, Text, Architecture,

1964–65
Sarre, F. und Herzfeld, E., *Archäologische Reise im Euphrat- und Tigris-Gebiet*, 3 vols., Berlin, 1911
Sauvaget, J., *La mosquée omeyyade de Médine*, Paris, 1947
Sözen, M., *The Evolution of Turkish Art and Architecture*, Istanbul, 1987
Vogt-Göknil, U., *Mosquées*, Paris, 1975
Wilber, D.N., *The Architecture of Islamic Iran*, Princeton University Press, 1955

出典一覧

出典が記されていない写真、図は筆者とその協力者による撮影、作成。

6（p.23）：M.E. Bonine, "The Sacred Direction and City Structure: A Preliminary Analysis of the Islamic Cities of Morocco", *Muqarnas*, 7, 1990, p.57
24（p.43）：Dodds, D.（ed）, *al-Andalus*, New York, 1992, p.10
25（p.50）：Creswell, K.A.C., *Early Muslim Architecture*, I-I, p.8
26（p.53）：Alsayyad, N., *Cities and Caliphs*, Greenwood Press, 1991, p.89
27（p.55）：Creswell, op. cit., p.23
29（p.61）：Sauvaget, J., *La mosquée omeyyade de Médine*, Paris, 1947, p.91
30（p.65）：スチールラン著『イスラムの建築文化』 原書房 一九八七 42頁
37（p.69）：Creswell, op. cit.（First Edition, Oxford, 1932）, p.136
38（p.71）：Creswell, op. cit., p.175
40（p.77）：Lassner, J., *The Topography of Baghdad in the Early Middle Ages*, Detroit, 1970, p.207
41（p.82）：Golvin, L., *Essai sur l'architecture religieuse musulmane*, tome 3, 1974, p.33
42（p.83）：Sarre, F. und Herzfeld, E., *Archäologische Reise im Euphrat- und Tigris-Gebiet*, Berlin, 1911, vol.3, Tafel XXII
43（p.85）：Golvin, L., op. cit., p.49

45（p. 90）: Ibid., p.75
50（p. 99）: Ibid., p.135
53（p. 103）: Creswell, *The Muslim Architecture of Egypt*, II, Clarendon Press（Oxford）, 1959（reissued in N.Y. in 1978）, p.246
55（p. 106）: Creswell, *Early Muslim Architecture*, II, Oxford University Press, 1969, p.147 を基に作図
56（p. 107）: Barrucand, M. & Bednorz, A., *Maurische Architektur in Andalusien*, Köln, n.d., p.91
60（p. 111）: Creswell, *A Short Account of Early Muslim Architecture*, Scolar Press, 1989, p.76
62（p. 115）: Hoag, J.D., *Islamic Architecture*, New York, 1977, p.125
66（p. 122）: Creswell, *The Muslim Architecture of Egypt*, I, Clarendon Press（Oxford）, 1952, p.59
68（p. 125）: Vogt-Göknil, U., *Mosquées*, Paris, 1975, p.39
69（p. 125）: Creswell, op. cit., p.103
71（p. 127）: Hautecoeur, L. & Wiet, G., *Les Mosquées du Caire*, II, Paris, 1932, pl.166
72（p. 129）: Hoag, op. cit., p.148
73（p. 133）: Behrens-Abouseif, D., *Islamic Architecture in Cairo. An Introduction*, E.J. Brill, 1989, p.4 を基に作図
79（p. 154）: Galdieri, E., *Isfahan: Masğid-i Ğum'a*, 2, Roma, 1973, fig.4
80（p. 156）: Vogt-Göknil, op. cit., p.75
81（p. 158）: Galdieri, *Isfahan: Masğid-i Ğum'a*, 1, Roma, 1972, fig.190b
82（p. 158）: Ibid., fig.476b
83（p. 159）: Galdieri, *Isfahan: Masğid-i Ğum'a*, 2, fig.10
84（p. 162）: Dieulafoy, J., *La Perse, la Chaldée et la Susianne*, Paris, 1877 の挿絵

85（p. 162）：Galdieri, *Isfahan: Masğid-i Ğum'a*, 1, fig.186d
87（p. 167）：Ibid., fig.292c
90（p. 178）：Dieulafoy, op. cit. の挿絵
94（p. 190）：Hoag, op. cit., p.224
100（p. 203）：Goodwin, G., *A History of Ottoman Architecture*, London, 1971, p.271
101（p. 204）：Sözen, M., *The Evolution of Turkish Art and Architecture*, Istanbul, 1987, p.115
103（p. 207）：Goodwin, op. cit., p.98
104（p. 207）：Goodwin, op. cit., p.99
109（p. 216）：Brend, B., *Islamic Art*, British Museum Press, 1991, p.193
111（p. 220）：Borodina, I., *Central Asia: Gems of 9th-19th-Century Architecture*, Moscow, 1987, p.69
112（p. 220）：Golombek L. & Wilber, D., *The Timurid Architecture of Iran and Turan*, vol.II, fig.27
113（p. 223）：Ibid., fig.26
114（p. 224）：Naumkin, V., *Samarcande*, Edition française pour le monde arabe, 1992, p.51
117（p. 230）：写真提供WPS
118（p. 232）：Vogt-Göknil, op. cit., p.103
121（p. 235）：Brend, op. cit., p.127
122（p. 235）：Ferrier, R.W., *The Arts of Persia*, Yale University Press, 1989, p.288
123（p. 237）：写真提供WPS
125（p. 240）：Garaudy, R., *Mosquée. Miroir de l'Islam*, Paris, 1985, pp.250-251
138（p. 282）：LPLT/Wikipedia Commons

イスラム諸王朝王統図

［ウマイヤ朝］661〜750

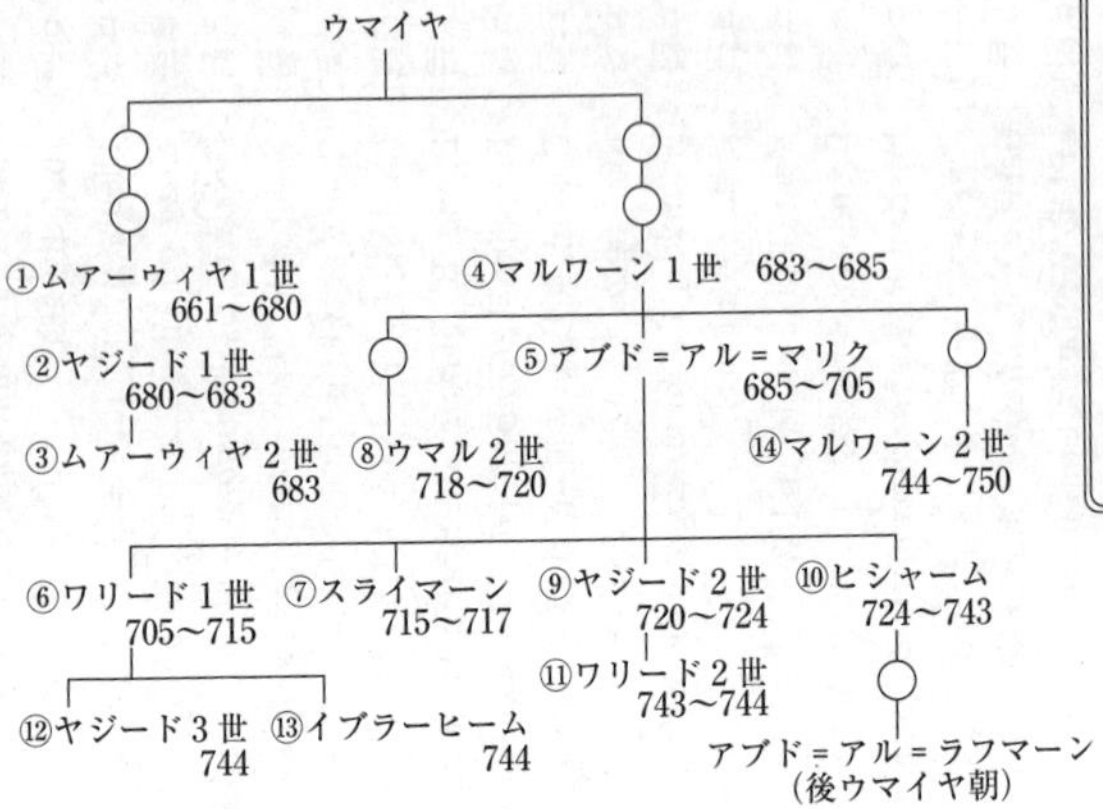
ウマイヤ
①ムアーウィヤ１世 661〜680
②ヤジード１世 680〜683
③ムアーウィヤ２世 683
④マルワーン１世 683〜685
⑤アブド＝アル＝マリク 685〜705
⑧ウマル２世 718〜720
⑭マルワーン２世 744〜750
⑥ワリード１世 705〜715
⑦スライマーン 715〜717
⑨ヤジード２世 720〜724
⑩ヒシャーム 724〜743
⑪ワリード２世 743〜744
⑫ヤジード３世 744
⑬イブラーヒーム 744
アブド＝アル＝ラフマーン
（後ウマイヤ朝）

［アッバース朝］750〜1258

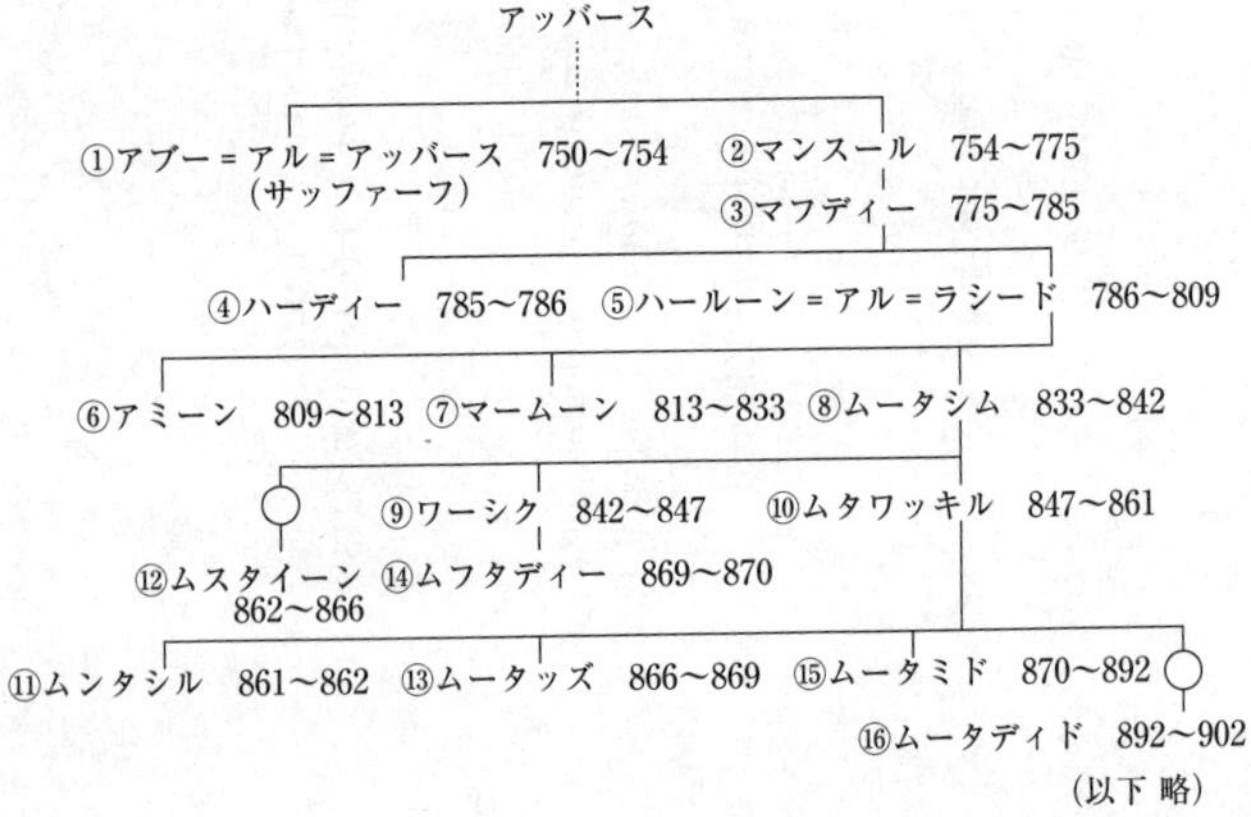
アッバース
①アブー＝アル＝アッバース 750〜754
（サッファーフ）
②マンスール 754〜775
③マフディー 775〜785
④ハーディー 785〜786
⑤ハールーン＝アル＝ラシード 786〜809
⑥アミーン 809〜813
⑦マームーン 813〜833
⑧ムータシム 833〜842
⑨ワーシク 842〜847
⑩ムタワッキル 847〜861
⑫ムスタイーン 862〜866
⑭ムフタディー 869〜870
⑪ムンタシル 861〜862
⑬ムータッズ 866〜869
⑮ムータミド 870〜892
⑯ムータディド 892〜902
（以下 略）

［後ウマイヤ朝］756〜1031

①アブド＝アル＝ラフマーン１世　756〜788

②ヒシャーム１世　788〜796

③ハカム１世　796〜822

④アブド＝アル＝ラフマーン２世　822〜852

⑤ムハンマド１世　852〜886

⑥ムンジル　886〜888

⑦アブド＝アッラー　888〜912

ムハンマド

⑧アブド＝アル＝ラフマーン３世　912〜961

⑨ハカム２世　961〜976

⑩⑪ヒシャーム２世
976〜1009，1010〜13

⑪⑬ムハンマド２世　1009，1010

⑫⑮スライマーン
1009〜10，1013〜16

（以下 略）

［ファーティマ朝］909〜1171

①マフディー　909〜934

②カーイム　934〜946

③マンスール　946〜953

④ムイッズ　953〜975

⑤アジーズ　975〜996

⑥ハーキム　996〜1021

⑦ザーヒル　1021〜36

⑧ムスタンシル　1036〜94

⑨ムスターリー　1094〜1101

⑩アーミル　1101〜30

ムハンマド

⑪ハーフィズ　1130〜49

ユースフ

⑫ザーフィル
1149〜54

⑭アーディド　1160〜71

⑬ファーイズ
1154〜60

［イルハン朝］1258〜1335

- ①フラグ　1258〜65
  - ②アバカ　1265〜82
    - ④アルグン　1284〜91
      - ⑦ガザン　1295〜1304
      - ⑧ウルジェイト　1304〜16
        - ⑨アブー＝サイード　1316〜35
    - ⑤ガイハトゥ　1291〜95
  - ○
    - ⑥バイドゥ　1295
  - ③アフマド　1282〜84

［サファヴィー朝］1501〜1736

- ①イスマーイール１世　1501〜24
  - ②タフマースプ１世　1524〜76
    - ③イスマーイール２世　1576〜78
    - ④ムハンマド＝フダーバンデ　1578〜87
      - ⑤アッバース１世　1587〜1629
        - サフィー＝ミールザー
          - ⑥サフィー１世　1629〜42
            - ⑦アッバース２世　1642〜66
              - ⑧スレイマーン１世　1666〜94
                - ⑨フサイン１世　1694〜1722

（以下 略）

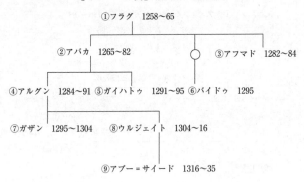

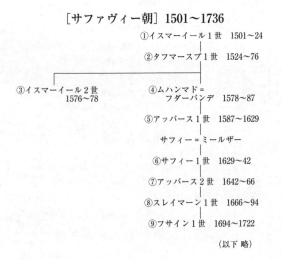

［オスマン朝］1299〜1922

①オスマン1世　1299〜1326

②オルハン
1326〜62

○

③ムラト1世　1362〜89

④バヤジト1世　1389〜1402

⑤メフメト1世　1413〜21

⑥ムラト2世　1421〜44，1446〜51

⑦メフメト2世　1444〜46，1451〜81

⑧バヤジト2世　1481〜1512

⑨セリム1世　1512〜20

⑩スレイマン1世　1520〜66

⑪セリム2世　1566〜74

⑫ムラト3世　1574〜95

⑬メフメト3世　1595〜1603

⑭アフメト1世
1603〜17

⑮ムスタファ1世
1617〜18
22〜23

⑯オスマン2世
1618〜22

⑰ムラト4世
1623〜40

⑱イブラヒム
1640〜48

（以下 略）

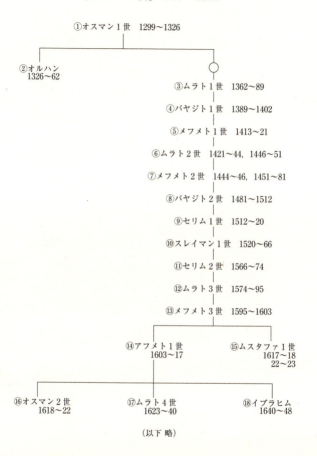

本書は一九九四年三月、中央公論新社より刊行された。

なお、「イスラム」の表記について、補章では現在主流となった表記に従って「イスラーム」を用いたが、既刊部分では刊行当時のままとした。

はじめてわかる ルネサンス
ジェリー・ブロトン
高山芳樹 訳

ルネサンスは芸術だけじゃない！ 東洋との出会い、科学と哲学、宗教改革など、さまざまな角度から光をあてて真のルネサンス像に迫る入門書。

匪賊の社会史
エリック・ホブズボーム
船山榮一 訳

抑圧的権力から民衆を守るヒーローと讃えられてきた善きアウトローたち。その系譜や生き方を追い、暴力と権力のからくりに迫る幻の名著。

アラブが見た十字軍
アミン・マアルーフ
牟田口義郎／新川雅子 訳

十字軍とはアラブにとって何だったのか？ 豊富な史料を渉猟し、激動の12、13世紀をあざやかに、しかも手際よくまとめた反十字軍史。

ディスコルシ
ニッコロ・マキァヴェッリ
永井三明 訳

ローマ帝国はなぜあれほどまでに繁栄しえたのか。その鍵は〝ヴィルトゥ〟。パワー・ポリティクスの教祖が、したたかに歴史を解読する。

戦争の技術
ニッコロ・マキァヴェッリ
服部文彦 訳

出版されるや否や各国語に翻訳された最強にして安全な軍隊の作り方。この理念により創設された新生フィレンツェ軍は一五〇九年、ピサを奪回する。

マクニール世界史講義
ウィリアム・H・マクニール
北川知子 訳

あの『世界史』の著者が人類の歴史を読み解くための三つの視点を易しく語り下ろす。本物の歴史感覚を学べる白熱の入門講義、文庫オリジナルで登場！

アレクサンドロスとオリュンピアス
森谷公俊

彼女は怪しい密儀に没頭し、残忍に邪魔者を殺す悪女なのか、息子を陰で支え続けた賢母なのか。大王母の激動の生涯を追う。（澤田典子）

古代地中海世界の歴史
本村凌二
中村るい

メソポタミア、エジプト、ギリシア、ローマ――古代に花開き、密接な交流や抗争をくり広げた文明を一望に見渡し、歴史の躍動を大きくつかむ！

向う岸からの世界史
良知力

「歴史なき民」こそが歴史の担い手であり、革命の主体であった。著者の思想史から社会史への転換点を示す記念碑的作品。（阿部謹也）

北一輝　渡辺京二

明治天皇制国家を批判し、のち二・二六事件に連座して刑死した日本最大の政治思想家北一輝の生涯。第33回毎日出版文化賞受賞の名著。（臼井隆一郎）

民衆という幻像
渡辺京二コレクション2　民衆論
渡辺京二
小川哲生編

生活民が抱く「前近代」と、近代市民社会との軋み。著者生涯のテーマ「ひとりの小さきものの実存と歴史の間の深淵」をめぐる三九編を収録。（髙山文彦）

中世を旅する人びと　阿部謹也

西洋中世の庶民の社会史。旅籠が客に課す厳格なルールや、遍歴職人必須の身分証明のための暗号など、興味深い史実を紹介。（平野啓一郎）

中世の星の下で　阿部謹也

中世ヨーロッパの庶民の暮らしを具体的、克明に描き、その歓びと涙、人と人との絆、深層意識を解き明かした中世史研究の傑作。（網野善彦）

1492 西欧文明の世界支配
ジャック・アタリ
斎藤広信訳

1492年コロンブスが新大陸を発見したことで、アメリカをはじめ中国・イスラム等の独自文明は抹殺された。現代世界の来歴を解き明かす一冊。

憲法で読むアメリカ史（全）　阿川尚之

建国から南北戦争、大恐慌と二度の大戦をへて現代まで。アメリカの歴史は常に憲法を通じ形づくられてきた。この国の底力の源泉へと迫る壮大な通史！

増補 魔女と聖女　池上俊一

魔女狩りの嵐が吹き荒れた中近世、美徳と超自然的力により崇められる聖女も急増する。女性嫌悪と礼賛の熱狂へ人々を駆りたてたものの正体に迫る。

中華人民共和国史十五講
王丹
加藤敬事訳

八九年天安門事件の学生リーダー王丹。逮捕・収監後、亡命先で母国の歴史を学び直し、敗者たちの透徹した認識を復元する、鎮魂の共和国六〇年史。

ツタンカーメン発掘記（上）
ハワード・カーター
酒井傳六／熊田亨訳

黄金のマスク、王のミイラ、数々の秘宝。エジプト考古学の新時代の扉を開いた世紀の発見の全記録。上巻は王家の谷の歴史と王墓発見までを収録。

ちくま学芸文庫

増補《ぞうほ》　モスクが語《かた》るイスラム史《し》
建築《けんちく》と政治権力《せいじけんりょく》

二〇一六年十二月十日　第一刷発行

著　者　羽田　正（はねだ・まさし）
発行者　山野浩一
発行所　株式会社　筑摩書房
東京都台東区蔵前二―五―三　〒一一一―八七五五
振替〇〇一六〇―八―四一二三
装幀者　安野光雅
印刷所　三松堂印刷株式会社
製本所　三松堂印刷株式会社

乱丁・落丁本の場合は、左記宛にご送付下さい。
送料小社負担でお取り替えいたします。
ご注文・お問い合わせも左記へお願いします。
筑摩書房サービスセンター
埼玉県さいたま市北区櫛引町二―六〇四　〒三三一―八五〇七
電話番号　〇四八―六五一―〇〇五三

ISBN978-4-480-09738-5　C0122